布教技法としての節談

直林不退 著

永田文昌堂

目次

題字　廣陵兼純　師
表紙背表紙画　藤野宗城　師

布教技法としての節談

序章

浄土真宗では、聴聞を大切にする。親鸞聖人（一一七三～一二六三・以下人名は敬称略）は、『仏説無量寿経』第十八願成就文（『浄土真宗聖典（註釈版）』以下『註釈版』と略す。一九八八年本願寺出版社刊四一頁）にある「聞」について、

『経』（大経・下）に「聞」といふは、衆生、仏願の生起本末を聞きて疑心あることなし、これを聞といふなり。（『顕浄土真実教行証文類』以下『教行信証』と略す。『註釈版』二五一頁）

と釈す。ここには、「何を」「どのように」聞くのかが開示されている。つまり、迷いの衆生のために本願が建てられ（生起）、その願いが成就して南無阿弥陀仏となって私のところに至り届いている（本末）。このいわれを、自分の思いや価値観に執われた疑いをさしはさむことなく聞いていく。これが、浄土真宗の聴聞なのだ。

親鸞は、この「聴聞」の語について、「ユルサレテキク シンジテキク」との左訓を加える（『浄土真宗聖典全書』第二巻・二〇一一年本願寺出版社刊一八頁脚註（7））。これは、自分の

知識欲充足や、情報量拡張のために聞くのではない。聴聞すればするほど明らかになるのは、自我の限界と、我執まみれの自分が如来に摂取されていく世界なのである。このように虚心にみ教えを聞き続けていく聞法こそが、念仏者のたしなみの中核となるのだ。

一方この聴聞は、自己の内面だけで完結するものではない。『恵信尼消息』によれば親鸞は、「みづから信じ、人を教へて信ぜしむること、まことの仏恩を報ひたてまつる」（『註釈版』八一六頁）という善導（六一三～八一）のことばを、伝道の基本姿勢として深く肝に銘じていた。そして、『教行信証』において、「大悲をもつて伝えてあまねく化する」（『浄土真宗聖典』七祖篇六七六頁）という『往生礼讃』の文を引く際に、智昇の『集諸経礼懺儀』より孫引きし、「大悲弘くあまねく化する」（『註釈版』四一一頁）とする。つまり、主語を人間から大悲に転換させることによって、私が大悲を伝えるのではなく、大悲自体の働きにより、弘く人々が教化されていく他力の世界を展開している。したがって、真実信心の行人が今生で与えられる利益の中に、「常行大悲」を掲げる（『教行信証』・『註釈版』二五一頁）ように、自らに至り届いた如来の大悲が、その人のおこないを通じて、法の働きとして衆生の中にひろまっていく、これが、浄土真宗における伝道の原理であるといえよう。

覚如（一二七一～一三五一）が親鸞の孫如信（一二三五～一三〇〇）より口授された伝承を

記した『口伝鈔』には、親鸞が「説導も涯分いにしえにはづべからずといへども、人師・戒師停止すべきよし、聖人の御前にして誓言発願をはりき。これによりて檀越をへつらはず、その請に赴かず」（『註釈版』八七三～四頁）と、法然（一一三三～一二一二）の面前で誓ったエピソードを伝えている。説法の能力にたけた身でありながら、「人師」「戒師」となることを好まぬ親鸞の謙虚な姿勢が窺えるといえよう。『正像末和讃』の最後の一首にも、「名利に人師をこのむなり」（『註釈版』六二二頁）と、上から目線での教化を厳しく戒めている。彼は、周りから師と仰がれることにうぬぼれてしまう自己の虚偽性を、晩年まで凝視し続けていた。また、親鸞は、施主に媚びることも嫌っていたのだ。それゆえに、当時の説法の負の側面を、見抜いていたようである。

親鸞の時代の唱導は、どのようなものであったのか。鎌倉最末期に編纂された『元亨釈書』には、澄憲（一一二六～一二〇三）・聖覚（一一六七～一二三五）父子によって確立された安居院流と、寛元年間（一二四三～一二四七）に定円が開いた三井寺派の二つを併記し「天下に唱演を言う者は、皆な二家に効う」と紹介している（藤田琢司編著『訓読元亨釈書上巻』二〇一一年禅文化研究所刊六四三頁）。しかし、この歴史書の編者は、当時一世を風靡したこの二派について、芸能風で聴衆に媚び、仏道の本質から逸脱すると、酷評している。この指弾は、一面において先述した親鸞の発言と、相通じるかも知れない。

しかし、安居院流の聖覚に対し親鸞は、「よきひとびと」「法然聖人の御をしへを、よくよく御こころえたるひとびと」（『註釈版』七四三頁）と尊敬し、浅からざる交流を持っていたのだ。『口伝鈔』に記すこのエピソードの折にも、親鸞は、法然によって聖覚への使者に選ばれ、師匠の面前で聖覚の説法の内容を克明に再現している。やはり、「濁世の富楼那」（『明月記』）と讃えられ「万人袖をしぼりたりけり」（『沙石集』）と称された芸風唱導の大家である聖覚との深い交わりの中で、親鸞は聖覚に比肩するほどの、すぐれた説法のスキルを身につけていた可能性が高い。やはり彼は、当時隆盛を極めた華やかで豊かな身体性溢れんばかりの安居院流唱導の技法を修得していたのではないか。

実際親鸞は、日本文学史上最多の数の和讃を詠んでいる。和讃とは、仏徳を讃え祖師を仰ぐ思いを、和語の韻文で綴った歌である。一般に親鸞は、難しい教義をわかりやすくするために和讃を制作したと考えられがちだ。しかし、親鸞の和讃の中には、漢文聖教の文をそのまま転用したものも少なくない。親鸞は、ことばのわかりやすさよりも、声に出して唱えるリズムを大切にしていたのだ。人口に膾炙する「恩徳讃」の典拠の一つが、他ならぬ聖覚が記した法然六七日仏事の「表白」（『尊号真像銘文』・『註釈版』六七〇頁）であるとされる。法会の場における語りは、対句や譬喩を巧みに使った口調のよいもので（龍口恭子「親鸞と唱導師聖覚」・『印度学仏教学研究』第五〇巻第一号二〇〇一年日本印度学仏教学会八六頁）、親鸞はその口調をそのまま和讃に取り入れているのだ。やはり親鸞が、情感豊かな唱導の世界と全く無縁であったとは考えにくい。先述のごとく親鸞こそ、聖覚の弁舌をそのまま再演できるほどの記憶力と唱導技法を身につけていた。そのうえで、当時の唱導家の多くが、人師を好み、また逆に檀越にへつらう姿に接し、大悲を仰ぐ謙虚な原理に鑑み、あえて技法の濫用を躊躇したと考えたい。

また、親鸞は、聖覚の『唯信鈔』を註釈した『唯信鈔文意』の末尾に、「ゐなかのひとびとの、文字のこころもしらず、あさましき愚痴きはまりなきゆゑに、やすくこころえさせんとて、おなじことをたびたびとりかへしとりかへし書つけたり。」（『註釈版』七一七頁）と記している。やはり親鸞は、教えの要を身体化するほどに幾度となく説き続ける、「草の根」の布教技法の大切さを熟知し、それを学問の世界と峻別していたのだ。

ここにおいて、浄土真宗の布教が、数多くの和讃制作に見られるような大衆の思いを受けとめ喜怒哀楽に訴える豊かな情緒性志向と、大悲を仰ぐ信心の発露こそ無作為かつ無上なる伝道だとする原理主義的思考という、二つの一見矛盾するような方向性を内包して出発していったのではないか。換言すれば、このような親鸞の立ち位置こそ、布教において最も大切な理と情との絶妙なバランスを保持していたといえるであろう。すなわち、前者は聴聞者の求めるあらゆる手段をなりふり構わず取り入れていく技巧の錬磨をもたらし、後者からは前者を「芸能風」と蔑視し技法論そのものまで無要であると否定していく立場を生み出したといえる。このような二つの方向性は、さまざまな歴史状況の中で、時として浄土真宗の情緒的布教に対する、アクセルとブレーキとして機能していったと考えてみたい。

やがて真宗教団が民衆を基盤に劇的に発展していくと、布教の現場では前者の流れが大きく花開いていく。かくして、「草の根」の次元では、仏教における大衆布教のながい歴史を集大成した技法が誕生する。のちに節談と命名される通俗的芸風唱導が、それである。かといって、前近代の社会ではあらゆる領域において概念の細分化がなされていなかったため、「法芸一如」ということばが示す如く、布教と芸能の境界も厳密ではなかった。節談とはどういった布教技法なのであろうか。そのイメージもまちまちで、誤解も少なくない。はたして節談は、いかなる特質を持っているのか、それはどんな背景のもとに生まれたのか、そして節談を聴聞し続けることによって、どのような念仏者が育まれたのか、それらを考えるのが、本書の主題である。

ところが、近代以降の浄土真宗の布教は、後者の原理主義的方向に、大きく舵を切っていく。

すなわち、明治維新以降、西洋の合理主義的思想や実証的学問が急激に移入され、仏教界もそれらに矛盾しない形に、様々にリメイクされていくこととなる。加えて、新しい情報源の発達は、より刺激の強い娯楽手段を生みだし、それまでの法座が担ってきた大衆娯楽の側面は、その役割を減少せざるを得なかったのだ。その傾向は、激動の中であらゆる価値観の変革を余儀なくされた戦後において、いよいよ加速していったようである。

そうした合理主義・個人主義、反伝統・反儀礼を標榜する近代人にとって、よりすんなりと受け入れられたのは、大衆の日暮らしの中で情感豊かに和讃を詠ずる親鸞像よりも、ひたすら「自信教人信」の理念を貫く孤高な哲学者の姿ではなかったか。もう十年ほど前のことであるが、真宗のある派の講座で、布教の歴史について講演するご縁をいただいたことがある。そのとき、その宗門行政の中核におられる方から、「節談のような多数の相手にむいて法を説く布教は、次元が低い。親鸞が本当にめざしたのは、少人数との対話ではなかったか」との講評を賜った経験がある。むろん、膝詰めで語り合う祖聖親鸞のイメージは魅力的だ。そして「自信教人信」の原理のみに照らせば、おのずからそうした意見に逢着するのかもしれない。だが、その方の発言からは、逆にどことなく上から目線で大衆を蔑視する姿勢を感じたのである。

このような戦後の布教界の風潮の中で、伝統的布教技法である節談に、芸能史的観点から光があてられた。本書で詳述する関山和夫（一九二九〜二〇一三）の研究と、それに刺激された小沢昭一（一九二九〜二〇一二）・永六輔（一九三三〜二〇一六）らによる説教録音と「（節談）説教をきく会」の開催である。小沢による録音を編集発売したレコードは異例の販売部数を記録し、各地の会場には溢れんばかりの聴衆が押し寄せたという。だが、様々な理由で、節談への関心は、一過性のブームのように下火になっていった。それと呼応するかのように、浄土真宗伝道の生命線であったはずの法座は衰退してしまう。こうした危機感の中で、私たちの「節談説教研究会」が生まれ、十三年の時が流れた。

その間、研究会の会誌『節談説教』を中心にして、専門書・学術雑誌・季刊誌・月刊誌ときには新聞記事などを通じて、情念の布教法再構築に向けた発信を続けてきた。その論調は、掲載誌の種類によって硬軟様々であり、また重複も多い。だが、それらに通底するのは、「かつての節談を懐古趣味的にそのまま復興するのではない。まず節談の存在を、仏教・浄土真宗の伝道の歴史の中に位置づけ、長所と短所をしっかりと認識する。」という一貫した問題意識（浅井成海「節談説教の復活によせて」『節談説教』創刊号二〇〇八年、「情念の布教『節談説教』を現代に活かすには」『同誌』第六号二〇一〇年、釈徹宗「現代に生きる節談説教を模索する」『同誌』第二号二〇〇八年、「節談という伝道技法について」『同誌』第五号二〇一〇年参照）である。それは、布教技法としての節談のあり方を正しく把握することであろう。そのうえで、その長所を今後の布教に役立たせるには、どのような課題があるのか。私たちの研究会が、単純な節談「興隆」「再興」の名称を用いず、「研究」という一歩突き放したネーミングを使っているのも、そうした客観性を堅持していきたいからに他ならない。本書は、そうしたいくつかの小論を、筆致や内容の統一のために若干の加筆を行ったうえで、編輯している。

なお、本書では、「布教技法」という括りを用いている。「技法」とは、人間が生来有している能力（技能）や、目的達成のための最も適した手順（技術）を、使いこなす方法をいう。つまり、「技法」は、単なる小手先の「技巧」「技術」とちがい、人間の能力を活かし、それを実現していくための道筋＝方法をさすのである。そこには、道理・真理に裏付けられた取り組みが必要となってくる。それゆえ「技法」は、「法」という文字を含んでいるのではないか。私の独りよがりかもしれないが、本書が節談の「マニュアル本」ではなく、節談を通じてあるべき浄土真宗布教のあり方を模索する一助となることを願ってやまない。

第一章では、議論の前提となる、研究史の回顧と用語の定義について考える。今日、「節談説教」という四字熟語が広く流布しているけれども、本書ではこれを関山の造語と考え、成立事情や意味の変化について跡づけてみたい。

節談に対して批判がなされる場合、繰り返し主張されてきたのが、「節談は芸能風」であるという論調であった。そこで、布教と芸能の関係性について、関山晩年の発言を辿りながら考えていきたい。それに加えて、節談に対して与えられてきた「台本をそのまま弁ずる」「自己（の体験）を語らない」「上から目線」「一方通行」などの負の烙印について検討するのが、第二章である。

一方、そのような知識人たちからの批判を通じて、逆に節談の特質が見えてくるのではないか。第三章では、いくつかの視点からそれらを整理していく。そこから抽出できた節談の特質は多岐にわたり、元来逐一吟味すべきであるけれども、本書においては、節談最大の魅力でありなおかつ最大の批判の標的ともなってきた「節」と「物語を含む構成法」について述べ、さらには節談のもたらした最大の影響としての「妙好人との関係」に焦点を絞り論じていこう。

浄土真宗において、豊かな節のついた語りが成熟した背景には、親鸞の和讃があるという。親鸞の和讃は、今様の系譜を引くとされるが、第四章では親鸞が今様に向き合った姿勢を窺うことによって、七五調や節の源流である和讃撰述の意味を問うていきたい。

それに続く第五章では、節談の構成法について論究する。節談において最も完成度の高い構成法は何か、布教構成の中での物語のあるべき姿とはどのようなものか、そんな問いを念頭に置きつつ、物語の持っている効果と危険性について、しっかりと押さえておこう。

日本仏教における唱導文芸の原点とされる『日本国現教善悪霊異記』（以下『霊異記』と略称）を題材として、大衆への布教における物語の存在について窺うのが、第六章である。本来は、『霊異記』に続く多くの唱導文芸のテキストについて、それが唱導の現場でどのように使われたのか、またそれぞれが唱導の展開の中でいかなる意味をもつのかを、順次解明する必要がある。その点、第六章はわずかな試掘作業にしか過ぎない。

第七章・第八章においては、節談を聴聞した経歴が明白な妙好人として、椋田與市（以下与市と記す。一八四一〜九三）を取りあげ、節談椿原流の説教者野世溪真了（一八三八〜一九一三）との関係性を論じていきたい。その前提として、与市の言行が記録され、妙好人像が形成されていく過程を解明しておく（第七章）。次に、与市と真了の交流を跡づけ、真了の説教が与市の言行にどのように影響したかを類推してみたい。

最後の第九章では、これまで終始「草の根」の布教として扱われ、学問の対象になることのなかった節談に対し、興味関心を寄せ研究への扉を開いた三人の先学について、その歩みを紹介したい。なぜならば、これらの先学は、将来必ずや浄土真宗の伝道史上に位置づける価値が生じる存在であり、その基礎資料としてここに書き記しておく必要があると考えるからである。

本書の筆致は、歴史学を専攻する著者の立場から見ると、いささか主観に走り、理念的になりすぎているのは、熟知している。しかし、二〇〇七（平成十九）年以降の「節談説教研究会」をめぐる動向に関しては、私自身当事者の一人でもある。本書の一部には、そうした当事者の思いを、後の人々に知っていただきたいとの願望が投影されている。何卒、ご了解いただきたい。

第一章　「節談説教」像の再検討

一、はじめに

日本仏教における唱導（極めて異称が多いので、さまざまな名辞を適宜使用する）の特性を論じる場合、鎌倉最末期に臨済宗聖一派の僧である虎関師錬(1)（一二七八～一三四六）によって編まれた、日本初の大冊の仏教史書である『元亨釈書』音芸志の以下の一節を引くことが多い。

諂譎、交生じて、変態百出ず。身首を揺らし音韻を婉にし、言は偶儷（対句）を貴び、理は哀讃を主とす。檀主を言う毎に、常に仏徳を加し、人心を感ぜしめんと欲しては、先ず或は自ら泣く。痛ましいかな、無上正真の道、流れて詐偽俳優の伎と為ることを(2)。

ここには、聴衆のニーズに応じるべく、あらゆる芸能的表出をも辞さない布教者の姿が赤裸々に語られている。「身振り手振り」「豊かな節付け」「対句を散りばめ哀調を帯びた韻律」「涙を誘う物語」などは、後世浄土真宗で開花する節談そのものに直結する要素に他ならない。しかし、日本仏教のステータスを中国仏教に比肩する水準にまで引きあげたい意図を持つ(3)虎関師錬にとっては、こうした大衆に迎合するような布教は、決して容認すべからざる存在に映ったのだ。それゆえ、彼は芸風の布教に対し、「諂諛」「詐偽俳優の伎」と、厳しい罵声を浴びせていく。この段階において、学僧の目から見れば芸能と近似する布教は、蔑視の対象になっていたといえる。

そして、『元亨釈書』に窺える、芸能風布教技法の広がりと、学僧たちによる批判という構図は、いつの時代の布教界においても共通するものではないか。今なお虎関師錬と等質な主張もなされている。まして、「西洋化」「近代化」が急がれた明治以降にあっては、学問的基礎に裏づけられた合理的な話に力点が置かれ、大衆に寄り添ってきた通俗的な説教は、次第にその影を潜めていった。さらに、戦後真宗大谷派の教団で強力に推進された、「家の宗教から個の自覚へ」のスローガンのもと、あらゆる伝統と距離を置く「同朋会運動」は、そうした傾向に拍車をかけた。この運動の広がりによって、伝統説教の排斥は、加速度的に進行していったといえる。もはや節談は、ごくわずかな説教者によって細々と伝承される状況にまで立ち至ってしまったのだ。

いわば風前の灯火となった節談に芸能史的視点から光を当てたのが、関山和夫であった。関山は、多くの民衆に支えられてきた芸風娯楽的通俗説教(4)の伝統が、日本のあらゆる話芸の源流の一つになったとの問題関心に基づき、前近代の「法芸一如」の世界を生き生きと描き出した。(5)一九七〇年代、その研究に啓発された小沢昭一・永六輔らは、消えゆく「放浪芸」の一環として節談の録音を行い(6)、各地で「(節談)説教をきく会」を開き盛況を博したのである。これが、世にいう「説教ブーム」の始まりであった。

たしかに、小沢の録音によって節談の生の音声が伝えられ、実際に節談を聴聞したことのない世代にも、その魅力にふれる機会が与えられたのだ。だが一方で、多くの学僧や宗門内部の人々は、かつての虎関師錬のように、この「説教ブーム」に冷ややかなまなざしを注ぎ、小沢の発したメッセージを真宗布教に対する重要な提言としては、受け止めなかったのではなかろうか。むろん、大村英昭(一九四二〜二〇一五)や深川宣暢のように関山の業績を評価する研究者も少なくなく、宗門内の布教手引書の一部には節談の技法を紹介したものも現れたが(7)、やはり大村のいう「一周おくれの近代主義」の潮流には抗しきれなかった。その結果、伝統説教への関心は一過性の現象として表面上忘れ去られていく。それ以降、法話を聴聞する場としての法座はますます衰退し、特別の行によらず口述布教を生命線とする浄土真宗にとっては、存亡の危機が惹起せしめられたのではないか。

そうした危機感を共有する現場の僧侶たちの中から情念の布教である節談を再評価しようと

する機運が醸成され、二〇〇七（平成十九）年「節談説教研究会」が結成された。研究会では、最初に日本仏教の布教が長い間孕み続けてきた、ことばや文脈さらには場面設定などの差別性を直視し、現代人にも感動を与えることのできる節談の再構築をめざしてきた。そして、具体的には、機関誌『節談説教』第一〜二二号の発行、育成セミナー・錬成会・地方ごとの勉強会および各地での布教大会開催などを通じて、説教資料の蒐集と保存、後継者育成のための学び、節談聴聞の場を増やす、といった活動を継続している。そうした歩みを踏まえ、二〇一七（平成二十九）年に開いた結成一〇周年記念大会では、様々な分野の研究者（仏教学・蓑輪顕量東京大学教授、言語学・角岡賢一龍谷大学教授、文学・和田恭幸龍谷大学教授、音楽学・福本康之浄土真宗本願寺派仏教音楽・儀礼研究室室長、コーディネーター宗教学・釈徹宗相愛大学教授、同歴史学・直林）による初めての学際的な研究シンポジウムを行い、セミナーを受講して新たに節談を学んだ一〇名の布教使が、先輩たちにまじって高座にのぼった。(8)

しかし、その一方で、「技法論はさほど重要ではない」「過度に聞き手に迎合しないほうがよい」といった節談に対する間接的批判が発せられている。また、「節談は現代に合わない布教法だ」との潜在的拒否反応が、今なお根強い。もとより、そうした厳しい意見を真摯に傾聴してこそ、新たな進展の可能性も開かれるといえよう。それと同時に、こうした批判が生まれる背景の一つには、節談そのものに対する誤解があると思われる。特に一九七〇年代の「説教ブーム」のインパクトがあまりにも強かったため、そこで示された「節談説教」のイメージが今日もなお幅広く流布しているのではなかろうか。

本章では、関山によって提示された「節談説教」の位置づけから、検討してみたい。その際の論点は数多く存在すると思われるが、節談ないしは「節談説教」ということばが、関山の生涯の著作の中でどのように使用されているかを検証することから始めよう。

二、「節談説教」は造語

「節談説教」という四字熟語は、現在「ウィキペディア」に記載されるほど、一般に広く定着している。しかし、その名称自体の成り立ちや意味するところに関しては、必ずしも明確に整理され統一的な認識がなされているとは云いがたい。

日本におけるあらゆる話芸の源流のひとつに仏教の布教の存在があるとの見通しのもとに、説教の歴史を体系的に解明したのは、関山であった。関山は、晩年の二〇〇九（平成二十一）年「節談説教」なる呼称に関して、「節談といいますが、この節談説教という熟語は古いものではありません。私が研究を始めた頃には、極一部の間で『節談』と言っておりました。御伝鈔を節談ということの方が古い時代からありました。節談と言う言葉は、近世の終わり頃真宗で生まれたものですが、節を付けて語ることは仏教伝来からやっておったことです。[9]」と発言している。

この一文の中には、関山自身の研究の根幹に関わるいくつかの重大な論点が含まれているのではないか。まず、「節談説教」という熟語は新しいというけれども、それは自身の造語であるという意味と解するべきなのだ。それならば、関山がいつの時点でどのような背景のもとにその語を使用し始めたのか。また、浄土真宗で生まれた節談と仏教伝来以来の節のついた語りとは、いかなる関係性を有するのか。このような課題を念頭に置きつつ、関山の生涯にわたる著作を繙きながら、検討していきたい。

関山の生前に、「節談説教」という四字熟語は自分がつくったが、「節談」は以前から用いられていた、と伺ったことがある。関山自身も、「略歴」の「社会活動」の項目に「『話芸』『節談説教』という呼称を世に広く紹介」と特記しているように[10]、「話芸」と同じくこのことばに対して強い思い入れを持っていた。

たしかに「節談」ということばに関しては、『説教 節談・賽の河原物語』[11]がある。この書の著者の「江峰庵主人」とは、蔦慶典によれば滋賀県の大富秀賢のことであるという。しかし、この書物の奥付では『節談 説教・賽の河原物語』と、逆に表記されている。それゆえ、「節談」と「説教」は別個に扱われていたと考えるべきであり、この奥付をもって「節談説教」という四字熟語の起源とは云いがたい。したがって、「節談」ということばのみが、二〇世紀初頭においてある程度流布していたとすべきであろう。後に触れる『また又日本の放浪芸』に収録される黒川幸作・天井順導などの老説教者は、揃って「節談」という表現を用いている（一九七三年の録音）。この時期浄土真宗では、学校の講義のように黒板に字を書き淡々と説明するスタイルの法話が、ことばに節をかけ豊かな音声で多彩な物語を駆使し喜怒哀楽の感性に訴える節談を、次第に席巻していった情況にあったのではないか。

関山によれば「節談」ということばは、真宗で近世後期に用いられるようになったという。しかし私は、かねてよりその呼称自体、近代以降の成立ではないかと想定している。なぜならば、近世までの布教の語り口調には多かれ少なかれ節が掛けられており、わざわざ「節」ということばを冠する必要なかったのではないか。実際、能登節伝承者の廣陵兼純（一九三七〜）は「自分がこどもの頃から聴聞してきたお説教には多かれ少なかれ節がついており、ことさら特別な節談という布教を学んでいるという実感はなかった」と語っている。つまり「近代化」の潮流の影響で、それ以前の節のついた説教を「修正」して講義調におこなう「改良説教」が導入され始めてから、はじめて両者の棲み分けが求められ、旧態を守った方を「節談」となづけたと考えられないであろうか。最近入手した「昭和三十二年十一月八日（真宗大谷派）宗務総長認可」の「北陸連区布教団連盟申合せ事項」には、「厳に之を自粛する」項目の中に、「下品下劣な談話或は節談を用いるもの」という一箇条が含まれている。一九五七（昭和三十二）年当時、大谷派では、明確に「節談」という括りが存在しており、自粛の対象とされていたのだ。

三、「節談説教」使用以前

ところで、今改めて関山の生涯にわたる著作を繙くと、彼の学問の中核に位置づけられる「節談説教」という造語の概念規定において、かなりの変遷の痕跡を辿れるようである。関山が最初に説教と正面から向き合ったのが、一九六四（昭和三十九）年の『説教と話芸』（青蛙房刊）である。だが、この書においては、「節談説教」という表現は、一ヶ所も見受けられない。すなわち、「浄瑠璃的説教・浪花節的説教」（一四頁）「落語・講談と併称される説教」（四六頁）「浄瑠璃説教・浪花節説教」（五一頁）「芸風説教」（五一頁）「唱導説経」（二〇〇頁）「芸風説経」（二〇二頁）「唱導芸風説教」（二一九頁）「唱導説教」（二六二頁）「浄瑠璃説教・

浪曲説教」（二九五頁）などの表現が使用されている。残念ながら生前の関山本人から、この時点において「節談説教」なることばを用いていない理由について伺うことはできなかった。彼はいまだ「節談説教」という芸能と布教をつなぐ新しい用語を作るに至っていなかった可能性が高いのではないか。もとよりそれを胸中に用意しながら何らかの理由であえて使わなかったと捉えることもできなくもないが、それは考えにくいと思う。なぜなら、関山自身一九七〇（昭和四十五）年九月この書の三版の末尾に「最近、芸能史家の間で、話芸の源流に説教を求める研究方法がようやく採られるようになった。日本仏教各宗においても、現代布教法の行き詰まりから、唱導説教の伝統を学ぼうとする機運が生じてきた。各界の要望にこたえてこの本も版を重ねることになった。本文の中で『話芸雑感』その他、いささか古くなった部分もあるが、初版当時の新鮮味を大切にしているので、そのままにしておこうと思う」との「付記」を書き加えている。[12]自説を評価する学界や仏教界の動向を踏まえての加筆とは具体的に何を指すかは特定しえないけれども、この時点でも関山が依然として「節談説教」ではなく「唱導説教」との名辞を使用しているのは興味深い。

この著作は、「日本の大衆芸能―浄瑠璃・浪曲・講談・落語は総て仏教と密接な関係をもっている」（三〇二頁）という確かな視点のもとに、壮大な研究の設計図が示された点を最大限に評価すべきであるといえよう。しかし各専門的事象においては、著者の若さゆえの溢れんばかりの情熱とともに、若干荒削りの部分も見られなくはない。特に浄土真宗説教の領域では、服部三智麿（一八七〇〜一九四四）の人名誤記（四四頁以降）や木村徹量（一八六六〜一九二六）著『信疑決判』の内容を宮部円成（一八五四〜一九三四）の説教として扱う（二四頁）などの問題点も指摘できる。

幼少のころから母に連れられて真宗の法座参りを続けた経験があるとはいえ、浄土宗寺院出身の関山が浄土真宗説教の研究により深く没頭していくのは、もう少し後になってからではなかろうか。実際関山の著作目録を見ても真宗に関する論文の初見は、一九六九（昭和四十四）年に『説話文学研究』第三号に発表された「近世後期の仏教説話妙好人伝について」である。この論文について、関山と同じ多屋頼俊（一九〇二〜九〇）門下に学んだ石橋義秀から、「恩師多屋の影響によるところが大きい」とご教示賜った。すなわち多屋は、当時の大谷派の布教現場における「同朋会運動」の拡大によって、伝統説教が排斥される状況を憂いていたという。そのため、門下生の中で大谷派宗門に属さず自由な発信が可能であり、なおかつ安楽庵策伝（一五五四〜一六四二）研究など仏教と芸能の関係性を問う独自な成果をあげつつあった関山に、浄土真宗の芸風布教の展開を中心とした、研究の道標を示したのではないだろうか。

その翌年九月関山は、小沢昭一のために「説教板敷山」の台本を監修している（『仏教 文学 芸能』二〇〇六年 iv頁）。この時点は、まさに前述『説教と話芸』第三版の「付記」が起草された月でもある。

四、「節談説教」の初見と宗派横断的使用法

そして、この時期こそ、ちょうど小沢昭一の「放浪芸」取材が開始された頃である。そして、一九七〇（昭和四十五）年三月、小沢が取材先で自らの意図を明示するために、郡司正勝（一九一三〜九八）の指導のもと、作成した「趣意書」の中に、「道の芸」の一つとして「節談説教」なる項目が記載されているのだ(13)。管見の限り、これが「節談説教」という四字熟語の初出である。その一方で、小沢の取材記録を辿ると一九七〇（昭和四十五）年一二月に関山と小沢は、三重県の真宗大谷派の説教者藤嶽敬道の弁ずる絵解きの録音を行っている(14)。この時のインタビューには、「節談」と言っているけれども(15)、「節談説教」という表現は見られない(16)。さらに実際にビクターから発売されたＬＰレコードの三枚目「説く芸と話す芸」に収録された亀田千巖（一八八六〜一九六四）の録音には「節談説教」ではなく「説教…愛知」と記され、「解説書」にも「節談説教」の名称は一切使用されていない。小沢は、先に述べたようにこの亀田の

録音をもとに関山の指導を受け、「説教板敷山」と題する台本を暗記し、一九七〇年以来各地で開催された「説教をきく会」で実演した。この会の名称にも、やはり「節談説教」とのネーミングはなされていない。一方、発売されたレコードの二ヶ所で小沢は、「節談説教」と発言しているのだ。そうなると、前述の「趣意書」にある「節談説教」なる文言がいかなる経緯で登場したのか、それがレコード「解説書」などでなぜ「説教」に変更されたのか、そういった事情に関しては、これ以上詳らかにできないので、今後の課題としたい。

小沢の放浪芸探索への飽くなき熱意と、レコードに対する異例ともいえる大反響に促されて、その取材は継続していく。小沢の関心は、当時まだ「職業芸」として命脈を保っていると彼自身が捉えた香具師・寺院の説教・ストリップの世界へと絞り込まれていった。一九七三（昭和四十八）年小沢は、関山と共に加賀・能登を中心に節談を探し求め、その年の八月四日には大谷派金沢別院を会所にして、関山の解説のもと三人の説教者を集めた「節談説教をきく会」の開催にこぎつけた。ここにおいて会の名称も、「説教」から「節談説教」に変化していく。この段階以後、「節談説教」との名称が広がりを見せ始めたといえようか。

この年代は、ちょうど一九七三（昭和四十八）年一月に巻頭の「凡例」を起草している、『説教の歴史的研究』（一九七三年法蔵館刊）の執筆が完成した直後に相当するといえよう。

小沢やビクターの編集者たちとの交流の過程において、当然のことながら小沢が凝視し続ける伝統的な芸風説教を総括する名辞が求められたにちがいない。こうした浄土真宗説教との深いかかわりの中で、布教と芸能とを懸架する「節談説教」という概念が次第に醸成されていったのではないだろうか。

小沢の録音は、一九七四（昭和四十九）年『また又日本の放浪芸・節談説教―小沢昭一が訪ねた旅僧たちの説法』六枚組レコードとして世に問われた。その解説書には、「節談説教」と銘打った関山の一文が寄せられている。ここには、後述する彼の博士論文を背景とした研鑽の成果が遺憾なく発揮されており、インド・中国・日本にわたる布教の歴史と、「近代化」を受けての説教界の現状までが渾身の筆致で綴られている。その中で関山は、「長い歴史の中で大衆文化創造のために様々な役割を演じた」芸風説教全体を「節談説教」と呼びつつ、江戸時代以降浄土真宗で開花する説教を念頭にして、「節談説教」の典型を見出しているといえよう。

そして一九七三（昭和四十八）年関山は『説教の歴史的研究』を上梓し、これを主論文とし一九六〇年代に発刊した『安楽庵策伝』『説教と話芸』を副論文に付し、七六（同五十一）年には母校大谷大学から文学博士の学位を受領している。関山の主著というべきこの書においては、以下のような箇所で「節談説教」の表現を使用している。本章では紙幅の関係で、「索引」

に抽出された箇所だけを列記してみよう。

(イ) いうまでもなく「説経節」(説経浄瑠璃)というものは、説教を節付けして行う「節談説教」から派生したもの(四頁)

(ロ) 俳優小沢昭一氏が主宰する芸能史研究会企画の「節談説教の会」が昭和四十五年九月東京「岩波ホール」を皮切りに、名古屋・大阪・福岡・京都の各会場で開かれた(八頁)

(ハ) 『醒酔笑』(中略)のように、突如として美文調が交わること(中略)は、語り口に抑揚をつける「節談説教」の型である(二二三頁)

(ニ) 多分に娯楽的要素を盛って演技的表出をする説教は、美声をもって詞に節(抑揚)をつけて行い、その上達のための訓練も積むので自然に演芸的要素を帯びて芸能化するのは当然のことであった。これを「節談説教」または「節付説教」と呼ぶのであるが、本稿では「節談説教」で統一して述べる(二五六頁)

(ホ) 事実、寺の堂内で行われる説教(節談説教)と境内の小屋で行われている説経節とは、技術は紙一重であった(二六七頁)

(ヘ) 現在生存中の真宗の節談説教の伝承者の型にも、この「替歌念仏」の終末と全く同じ終り

方がある（二八三頁）

ⓣ俗受けを狙い、フィーリングを旨とした節談説教（節付け説教）から様々な変形が生じた（二八八頁）

ⓒ明治・大正期の節談説教は、旧来の能登節・尾張節に東保流・椿原流・渥美流などと呼ばれる種々の型が発展し、なかなか根強いものがあった（三八七頁）

ⓡかくして長い伝統を維持し続けた節談説教は、太平洋戦争と共にほとんど完全に消えてしまったのである（四〇九頁）

ⓝ私は決して旧説教（節談説教）を復活せよというのではない（四一〇頁）

ⓘは、説経節の源流となった説教をさすので、通仏教的であろう。ⓡは、現代浄土真宗説教のことである。ⓗについては、策伝に影響を及ぼした説教をいう。ⓝが「節談説教」ということばの概念規定に近い説明であるが、中世に虎関師錬が批判した芸風説教を念頭に置いているようだ。ⓗは近世の説経節との類似性を説く場面で用いられている。ⓗは、現代真宗の説教のことである。ⓣでは、絵解き・浄瑠璃などの原型となった近世の説教をいう。ⓒは、近代真宗の説教のことを呼んでいる。ⓡⓝに関しては、戦後姿を消しつつあった真宗の伝統説教の総称と

して使っている。このように『説教の歴史的研究』における「節談説教」なる名称の使用法には、宗派横断的に芸風説教全体をいう場合と、江戸後期以降の浄土真宗の布教をさす限定的事例とが混在していた。たしかに関山は、学術書としての厳密性に鑑みて、中世以前の章では「芸風通俗説教」を用いることが多く、明確に「節談説教」とはいっていない。しかし、上記の索引検索以外の箇所においては、「節談説教の方法は、俗受けのためには最も有効で、古くからおこなわれていた」(二五六頁)「近世に入ってからの説教は、節談説教が益々隆盛」(二五八頁)などの言及も見受けられる。

また、「結語」においては、

説教が俗受けをねらって、美声をもつて詞に巧みな節づけを行ない、演技的表出をするのを「節談説教」または「節付説教」と呼ぶ。(中略)この節談説教から派生して起こったものに「説経節」(説経浄瑠璃)がある。(中略)説経節は、鎌倉末、室町初期の頃に、節談説教(布教)から脱化し、それが放浪芸となった(四〇四頁)

と、「節談説教」から「説経節」が派生した点に布教から芸能への変化の軌跡を看取していく。ここにいう「節談説教」は、明らかに中世のものである。関山の「学位論文審査要旨」には、次のような記載がなされている。

説教師が俗受けをねらい詞章に節付けをし美声で語り演技的表出をするのを節談説教と呼ぶ。節談説教から派生したものに説教節《ママ》がある。これは鎌倉末、室町期に発生した。[17]これによれば、芸風説教が巷間芸能の母体となった事例研究は、関山説の白眉の一つであるといえよう。それゆえにこそ、あらゆる話芸のルーツに「節談説教」がある、といった短絡的な受け止め方をされる余地があったといえようか。

その後『説教の歴史的研究』を一般向けに書きおろした『説教の歴史』（一九七八年）において関山は、「節談説教を軸とした日本話芸史の実証的研究」（五頁）を提唱し、「説教と話芸はきわめて密接な関係をもっているのであって、話芸の源流に説教があることは芸能史的にみて明らかである。落語や講談には節談説教と紙一重といえるほど接近した部分がある」（九頁）点を力説していく。いうまでもなくここでいう「節談説教」は、超時代・宗派横断的に捉えた芸風説教の総体を指し示す用語である。さらに一九八八（昭和六十三）年「真の仏教者の立場」（四頁）で書いたと自負する『庶民文化と仏教』（一九八八年大蔵出版）では、「ことばに節（抑揚）をつけ、洗練された美声とゼスチャーをもって演技的な表出をとりながら、聴衆の感覚に訴える詩的、芸的な『情念の布教』をいう」（三七頁）との節談説教の定義づけがなされていく。またこの書物において、安居院流とは別系統で伝持された日蓮宗の「繰り弁」[18]といわれる芸風説教も、「卓抜な話芸であり、表出法の上では節談説教のカテゴリーに入る」（七八頁）と位置づけられ、「節談説教」の概念は芸風説教全体を網羅するほどの拡散広がりを見せていくのだ。この段階において「節談説教」という新造の四字熟語は、幅広く芸能と宗教をつなぐ役割を果たすとともに、彼のいう「法芸一如」の日本話芸史の基軸に据えられたといえるであろう。

五、関山晩年の「節談説教」像

ところが、このような広義に捉えられてきた「節談説教」像が、二十一世紀に入り関山自身によって大きく変化させられることとなる。二〇〇一（平成十三）年から翌々年にかけて関山は、四篇五回の「節談説教」に関する論文を立て続けに発表した[19]。その背景には、その前年の春に真言宗豊山派の僧侶が、節談説教の「価値と素晴らしさを理解し、現代的な要素も取り入れた上で発展させようと試み」、それに共鳴した「同門の青年僧侶数名」が結集して会を発足させたという事態が関係している。さらに東京の音楽研究者小島美子が、この僧侶を招請して「節談説教の節と語り」と銘打った研究例会を開催するに至った。これを耳にした関山は、反駁の論陣を張ったようである。つまり、「最近、全く場違いなところで、真宗とは違う、しかも節談の伝承のない他の宗派の僧が『節談説教』と自称して我流の説教を口演している事実を知って私は一驚を喫した」（「節談説教の隆替（上）」一二六頁）と論評し、「似非節談説教」「売名的なパフォーマンス」と厳しい非難の言辞を浴びせていった。

その論拠として関山は、「『節談説教』は、真宗独自の説教用語であり、その正統伝承者でなければ絶対に真似の出来ない特異な布教法だ」「節談説教は、真宗が生んだ貴重な文化遺産であり、他宗派の人には真似の出来ないものだ」と主張している。その一方で、今まで広く「節談説教」という用語で括られてきた真宗以前の説教については、「節付説教（のちの節談説教）」「芸風節付説教」「演説体による節付説教―のちの真宗における節談説教」（「唱導史異聞」六頁）との呼称を使い、峻別化をはかっていく。つまり、この時点において、関山の造語である「節談説教」の概念は、命名者自身の手によって「ことばに節（抑揚）をつけて行う説教」全般をいう広い捉え方から、浄土真宗に限定された狭義の布教技法を指し示す固有名詞へと変容していったといわねばならない。その間の事情について関山は、二〇〇二（平成十四）年度仏教文学会大会で行った講演「中世以降における唱導の展開」の中で、「私は拙著の中で「節談」は「ことばにフシをつけて話す」意であるから「節付説教」「節説教」をも「節談説教」として扱っている部分がある。広義ではそれでよいが、厳密にいうと誤解され易いので説明を加えておきたいと思っている。私の考えに矛盾はない」（『仏教文学』第二七号二〇〇三年九頁）と言及している。「節談説教」を広義と狭義に使い分けることによって、密教系宗派の「節談説教」への批判とそれまでの自身の学問との整合性をはかっているのだ。それと同時に安易な「芸風パフォーマンス」を危惧する観点から、「節談説教は布教の一つの手段であり、断じて芸能として生じたものではない」（「節談説教の隆替（上）」一二七頁）ことを、より強調するようになっていく。

しかるに、後学の多くはその変化に気づかず、「節談説教」という同一の熟語の中に、超時代的・宗派横断的な芸風説教総体のイメージと、浄土真宗独自の布教技法像という異質なものを思い描いてしまったため、「真宗の節談説教から落語などの話芸が生まれた」とか「親鸞も節談説教を学んだ」などというような様々な誤解を生じてしまったのではないだろうか。私自身においては、先述のように関山から「『節談説教』は自分の造語だ」と聞き及んでいたことに加え、「談」と「説教」に内容の重複があるようにも感じていたので、「節談説教」ということばに違和感を覚えてきた。それゆえ、浄土真宗独自の布教技法に関しては「節談」ということばを使い、それ以前の芸風説教全般に対しては「後の節談につながる芸風説教」などと呼びならわしてきたつもりである。つまり、無自覚的ではあるが、私が指導を受けた晩年の時期の関山が主張していた狭義の使用法の影響下にあったといえよう。そのため、初期段階での「節談説教」を広義に捉える立場に依拠する方とは、幾許かの議論の齟齬を生じてしまったように感じられる。今後、こうした関山説の変遷を再度しっかりと受け止め、概念混乱の是正を期していかなければなるまい。

六、むすび

浄土真宗布教の前途に危機感を共有する僧侶たちによって、節談という伝統的布教法に光が当てられはじめて、一三年の時が流れた。その間、僅か数名だった節談説教者は、五〇名あまり育成されてきた。節談をテーマとした、初めての学際的研究シンポジウムも実現できた。しかし、節談と説教者に対する根深い批判は、今も沈潜しつつ継続している。その一因には、一九七〇年代の「説教ブーム」の中で示された「節談説教」ということばが、明確な概念規定を経ずに、独り歩きしてしまっていることもあるのではないか。本章では、「節談説教」なる熟語の成立事情とその語義について、造語の生みの親である関山和夫の研究業績を辿りながら検討してみた。

大衆を基盤とする浄土真宗では、より多くの人々に感動的にお念仏のみ教えを身につけてもらうために、それまでの芸風唱導の伝統を継承して、豊かな節や、身近な譬え、そして人生の機微に触れた物語を散りばめた、情念の布教技法が花開いた。しかし、江戸時代の真宗布教の主流は、こうした法談によって占められていたため、ことさらそれに何らかの別個の命名を加える必要さえなかったといえよう。明治以降そのような古風な説教を批判する「近代的」合理的布教法が創出されるに至り、ようやく前者を節談と呼び慣わすようになったと考えられる。だが、芸風通俗的説教は、ますます「近代化」のうねりに飲み込まれ、絶滅寸前の状態に立ち至った。

日本の話芸の源流の一つに仏教を位置づける視点から、そうした布教にフォーカスし、「節談説教」という新語を駆使して、仏教と芸能との関係性を精力的に究明したのが、関山和夫であった。関山の業績は、説教研究の先駆として、今も不動の位置を占めている。しかし、なぜか初期の『説教と話芸』では「節談説教」の語を使っていない。

管見の限り「節談説教」の最初の使用例は、市川捿護がメモする一九七〇（昭和四十五）年小沢昭一作成の「趣意書」である。これに関しては、小沢が誰かの助言のもとに使ったとも考えられるが、翌年完成したレコード『日本の放浪芸』で小沢は、「節談説教」を使いながら、「解説書」においては単なる「説教」に変化させている。この時期はちょうど、関山の主著

『説教の歴史的研究』の書きおろし段階にあたる。そこで、小沢の追い求める芸風説教をさししめす総称として、「節談説教」を使い始めたとしておきたい。

そして、学位論文『説教の歴史的研究』における「節談説教」という語の使用法は、中世の説経節を生み出した芸風節付説教や江戸後期以降浄土真宗で開花する娯楽的芸風説教をも包摂する形でなされていた。さらにそれを下敷きとし一般向けに執筆された『説教の歴史』『庶民文化と仏教』などの後の関山の著作においては、あらゆる話芸の源流の一つになった芸風通俗説教の総称として「節談説教」を幅広く位置づけている。「節談説教」の語義は、通仏教・超時代的に幅広く芸能と布教を懸架するほどに広がりを見せ、「法芸一如」の世界を読み解くキーワードとなっていった。

ところが、真言宗のある僧侶がこの名称を使用し一部の音楽研究者がそれに同調しかけた事態をきっかけに、関山の「節談説教」の用法が浄土真宗独自の布教をさすものであると狭められ、あくまで布教であるという側面が強調されていく。二〇〇一（平成十三）年を境にして、関山の「節談説教」観に微妙な温度差が生じたようである。関山自身、そのことを「矛盾はない」と表明しているけれども、多くの研究者や宗門人はそれを注視せず、結果として様々な誤解を生むこととなってしまった。つまり、このような微妙な語句使用法の変化を看過し、「節談説教」を広義・狭義の両面でそれぞれ独自に使い続けたため、さまざまな行き違いや混乱が生じてしまったと考えたい。

今後の学問の進展に資する建設的議論のためにも、語義の統一は緊要な課題に他ならない。かくして、以下本書では「節談説教」なる熟語は使用せず、江戸時代後期の浄土真宗で確立した芸風通俗的な布教を節談と呼び、それ以前のものは「節付の唱導」などの呼称を用いていくこととする。

註

(1)「序論」でも触れたように、本書における人名表記は、全て敬称を略す。宗祖や高僧、そして先学、私が直接ご指導賜り学恩を蒙った先生方に対していささか無礼であると感じるが、何卒諒とされたい。

(2)『元亨釈書』巻二九音芸志七唱道（藤田琢司編著『訓読元亨釈書上巻』二〇一一年・禅文化研究所刊六四三頁）。

(3) 直林『日本三学受容史研究』（二〇一二年・永田文昌堂刊七二頁）。

(4)「説教」の名称に関しては、近代以降に一般化したとする見解が後小路薫によって示された（『勧化本の研究』二〇一〇年・和泉書院刊六〇頁）。基本的に傾聴すべき見解であると思う。それゆえ、本書でも前近代の布教に限定する場合に関しては、極力「唱導」「法談」を使用するように心がけたいが、先行研究との関連で「説教」を含むいくつかの異称を使うこともある。

（5）『説教と話芸』（一九六四年・青蛙房刊）、『説教の歴史的研究』（一九七三年・法藏館刊）、『説教の歴史』（一九七八年・岩波書店刊、その後白水社刊）。

（6）『また又日本の放浪芸・小沢昭一が訪ねた旅僧たちの説法』一九七四年・ビクター刊）。小沢の業績に関しては、直林「小沢昭一の遺産と課題」（『大法輪』二〇一六年三月号一八〇頁）。（本書第九章）

（7）関山説は大村『鎮めの文化』（一九九五年NHK出版刊）、深川「真宗伝道学の研究」（『真宗伝道の課題と展望』二〇〇八年永田文昌堂刊）などの研究において評価されている。また、三宮義信『真宗布教法』（一九九五年永田文昌堂刊）では、東保流の説教者小出憲章から聞いた内容を詳しく紹介している。さらに、加藤秀俊『メディアの発生』（二〇〇九年・中央公論社刊四三〇頁）や、西山郷史『とも同朋の真宗文化』（二〇二〇年・臥龍文庫刊二〇頁）において、節談に言及している。一方、蒲地勢至は、節談と「法話」との比較を試みる（『真宗民俗の再発見』二〇〇一年・法藏館刊九一頁）。

（8）「節談説教研究シンポジウム」『節談説教』第一九号（二頁〜六二頁）に杜多晃證筆起しによる全記録がある。また『CD節談説教研究会結成十周年記念布教大会』（二〇一八年・国書刊行会刊）には一七名二〇席の節談が録音されている。

（9）「情念の布教を志す皆さんへ」第一回節談説教者育成セミナーでの講義（『節談説教』第一一号二頁）。

（10）関山和夫博士喜寿記念『仏教　文学　芸能』（二〇〇六年・思文閣出版刊ⅰ〜ⅱ頁）。

（11）江峰庵主人著『説教　節談　賽の河原物語』（一九一七年・法藏館刊）表紙。

（12）フランス在住の音楽史研究者鈴木聖子の教示による。私は今まで『説教と話芸』の初版本を架蔵し使用してきたため、三版発行時の「付記」に気づかなかった。記し謝す。

（13）市川捷護『回想日本の放浪芸・小沢昭一さんと探索した日々』（二〇〇〇年・平凡社刊三二頁）。
（14）『日本の放浪芸』「解説書」（一九七一年・ビクター刊五〇頁）。
（15）小沢昭一『日本の放浪芸オリジナル版』二〇〇六年・岩波書店刊八八頁）
（16）小沢昭一『私のための芸能野史』一九七三年芸術新潮社初版・二〇〇四年・筑摩書房刊一四七頁
（17）『大谷学報』第五七巻三号一九七七年一八頁。学位論文の審査は、主査・山本唯一、副査・五来重、同柏原祐泉によって行われた。
（18）浄土真宗と並び称される日本民衆仏教の双璧である日蓮宗にも、「繰り弁」という独特の芸風高座説教が伝承されている。日蓮宗布教院主任講師豊田慈證によれば、戦後も宗門を挙げて、伝統の布教技法継承がなされたという。ここが浄土真宗との違いであるといえようか。
（19）「節談説教の隆替（上・下）」（『大法輪』二〇〇一年八月号九月号）、「節談説教の変事」（『上方芸能』第一四二号二〇〇一年）、「唱導史異聞」（『東海学園言語・文学・文化』第一号二〇〇一年）、「中世以降における唱導の展開」（『仏教文学』第二七号二〇〇三年）。

第二章　節談への誤解を解く

一、はじめに

今日まで節談に対して、様々な批判が発せられてきた。しかし、その論調の多くは、前章で紹介した『元亨釈書』以来繰り返し論じられてきた「芸能と布教の関係性」に関する非難であった。また、近代以降は、そうした論点に加え、「節談は台本を丸暗記し自己を語らない演芸と等質なもの」との陰口もささやかれている。さらに戦後には、「一方通行の上から目線の布教だ」という声もよく耳にする。本章では、そうした否定的見解について検討してみよう。

二、布教と芸能の関係性

かつて関山和夫自身から、ライフワークとなった（広義の）「節談説教を軸とした日本話芸史の実証的研究に取りかかった」（『説教の歴史』五頁）当初の問題意識について、「仏教的要素を除外して論じられてきた説話文学や柳田民俗学に対する懐疑から出発した」とたびたび拝聴した記憶がある。[1] それゆえ関山の関心は、「説教と話芸の密接な関係を明白に見いだすこと」（同七頁）に特化し、「法芸一如の姿勢からさまざまな芸能を派生させ、わが国の大衆文化発展に著しく貢献した」（同一〇頁）説教の役割を解き明かすことに集中した。そこに、実にユニークな「関山ワールド」が拓かれていく。あらゆるものを細分化し別個の領域として分析する近代的思惟の中で、宗教と芸能のおおらかな一体性を明らかにしたその意義は、計り知れないほど大きい。

その一方、近代的知性の範疇では全く異質な領域と捉えられてきた、宗教と芸能との近似性に注目するあまり、関山説を敷衍する場面においては、布教と芸能との存在位置や異質性を捨象し、安易に両者を混同する傾向が生まれたのではないだろうか。例えば、亀田千巌の説教録音を暗記して弁じられた法衣姿の小沢昭一の「説教」は、亀田生き写しの高度な演技であったけれども、布教をあくまで自身の信仰の吐露と考える近代的思考の持ち主たちにとって、それは所詮芸能としてしか評価されなかった。[2] そのことが、節談は珍しい個人芸であり、将来における布教としては通用しえない、との先入観を生む一因となったといえようか。最近鈴木聖子は、小沢の「説教板敷山」と亀田のオリジナル録音とを比較し、節のかけ方の相違や、受け念仏の不自然さなどを指摘している。[3]

実は、晩年の関山自身「芸能と布教の混同」を危惧していたのだ。二〇〇九（平成二十一）年七月、「今後の節談の方向性『芸能と布教の境界』」と題する座談会が『節談説教』第四号に掲載されている。その経緯は、節談という布教技法と落語などの話芸を等質にとらえる風潮を憂慮した関山に対し、自説をまとめた文章執筆を依頼したところ、「皆が意見を述べ合う座談会にしましょう」との提案がなされ、節談説教研究会の名誉会長だった関山を囲んで、浅井成海会長（一九三五〜二〇一〇）・釈徹宗副会長・杉本光昭理事・府越義博事務局長・直林の六名によるディスカッションが実現した。以下、その場における関山の発言をつなぐことによって、その趣旨を窺ってみた。

■落語とのコラボレーション（芸能と布教の水際の一つについて）そこが真宗のこだわる所で、結勧結弁ともいいますが、「最後のところで宗意安心を説く。それをやらなければ意味はない」ということを、いろんな説教者の方々に教わりましたね。譬喩因縁だけで終わったら、それはただの演芸であると。もちろん（布教の場合宗教儀礼）がないといけないでしょうね。昔もやってましたよね。私の実家のすぐ近くに大谷派の寺院があって、私の母親が門徒の出身だったので、お説教があるとよく連れて行かれたものでした。そのころ服部三智麿という名人が居ましてね。出て来られるだけでお念仏が起こる。ああいう光景はね、いま全くないですね。落語をやってウケさせれば良いわけじゃない。祖父江省念さんはそうでしたね。落語をやったわけじゃないけれど、その布教でウケさせる。だから忠臣蔵やああいう素晴らしい話が残っているわけで、昔の説教はその紙一重のところで、自分が情念を取り入れて、そして布教そのものを聴かせる工夫をしていた。それをやらなければダメですね。（布教と他の芸能一緒の企画に関しては）私はあまり感心しないんです。やはり落語や講談と抱き合わせになると、どうやってウケるという点で負けてしまう。いや強いていえば、講談の方が向いていますよ。説教と抱き合わせるならば、落語よりも。明治時代には（講談で）各宗派の祖師御一代記全盛でしたからね。今はそれをやられる方（講談師）に宗教心がないでしょうからね。明治の頃は講談師が信仰を持っていましたから、そこも違うんです。

■布教としての節談会場の問題もあります。僕はむかし中日劇場で祖父江さんと寺本明観さんと廣陵さんとで節談説教大会をやったことがあります。凄い満員だったですが、しかし考えてみたら、ああいうホールでやるのは、大変なことでした。（節談が再び評価されはじめたのは）いやもう夢のようですよ。もう節談説教はなくなるという前提で、それでちゃんと書いておかなきゃいけないと思って、私は『説教の歴史的研究』を学位論文にしたわけですよ。その時にもう節談はなくなる、もう滅亡すると思っていたんですから。もう廣陵さんくらいでしたね。本当に本気になってやっていたのは。というよりも廣陵さんに聞くと、お説教というものはこういうものだと、初めからそう思ってやっていた。自分は特別なものをやっているという意識はなかったというんですね。私が子供の頃でもね、現代法話をやる人もあったんですけど、ほとんどの人が節をつけてやっていました。こちらも節をつけてやるもんだと思っていました。私がよく聞いたところでは、東保流はお説教ですよ。芸能じゃないですよ。あの節はやはり説教の節ですよね。(内容的にも高度で)

いや解らないと思いますよ。個々の言葉の意味なんかは。

親鸞聖人が和讃を書かれたのは、解りやすくするためじゃなく、称えやすくするためじゃないかと、私は思っているんです。だってあんな難しい言葉を羅列してあってね、四句一首の形式にしてあるでしょう。浄土和讃なんてほとんど経典の内容を、七五調にしてあるわけですよ。これは解りやすくじゃないですよね、称えやすくするためですよ。言葉というものは耳から入ってくると、意味はわからなくても共感出来るということを、昔の人は知っていたんですね。

（説教の中で落語一席をそのまま）それも落語として演じるからおかしくなる。落語として演じる以上は、噺家（落語家）として修練をしていなければダメです。落語でも講談でもお説教でもそうでしょう。普通のお話なら別にそれは必要無いけれど、演じるならしっかりやってほしい。やはり落語には落語のルールがありますから。

■聴かせる力の修練やはり修練を経ないとね。どうしても一度古典を正確に復興しないとダメなんです。伝統を受け継いで、出来ることなら正確に弁じて、そしてそこからまた新しいものが出来てくるんです。

■おのれの布教の確立（おのれの布教の確立は）それはもちろん個人の問題ですね。自分で正確な復興を試みて、その上で新しいものを作っていかなければならない。それでなければ伝統は継承できません。

私が最初に古典を復興すべきだというのは、節に関することで、中身については何も昔の通りにやらなくてはならないものじゃない。柳宗悦さんが言っていましたけど、「説教は乗っていくものだ、ものを知りに行く処ではない、感じに行くところだ」と。「真宗の説教がものを知りに行くところになったら、いまの様な味わいは出なくなってしまう」と、昭和三十一年の大法輪に、書いておられます。ものを知る説教にしてしまうと、どうしても情念を失いますよね。理論が優先されるとどうしてもそうなります。「法然はですね」「親鸞はですね」という講義になってしまう。(4)

今改めてこの座談会記録を読み直して何よりも悔やまれるのが、司会役の私があまりにも話の要点を整理すべくついつい発言しすぎてしまい、関山をはじめ多彩な出席者たちのトークの広がりの芽を摘んでしまった感が強い点である。特に関山と、信心の社会性を問い続けた真摯な教学者浅井のやりとりがもっと深まっていくべきであったと、お二方が逝去された今になって見ると、惜しまれてならない。また、関山に学問的影響を受け「宗教と芸能」に独自な地歩を切り開いた釈と関山との、より成熟した議論が交わされたならば、おそらく新しい方向性が見いだされていたにちがいない。

だが、先に掲出した関山の発言だけからでも、彼が何故この研究に着手し、布教と芸能との水際をどのように捉えていたかを窺えるであろう。関山は客観的に「節談はなくなる」との展望を持っていた。つまり、消えゆく節談を記録しておきたいとの研究者としての使命感から節談に向き合ったのだ。実際一九八八（昭和六十三）年『庶民文化と仏教』の「まえがき」において彼は、寺に生まれながら学究の道を選び宗門を離れた自身の煩悶を吐露し、「確かに私は、過去の著述は国文学・芸能史研究者の立場で書いた」（三頁）と告白している。一瞬たりとも「仏を喪失したのではない」と自負する関山であったが、やはり節談にかかわる姿勢は、客観的研究者のそれであった。だからこそ、彼の研究業績は客観性を増し、その学問的価値はいよいよ高まり、数々の受賞につながったといえる。その一方で、真宗以外の文学・芸能史研究者からの提言は、どうしても真宗宗門内の学者や布教現場に立つ人々に対し、さほど重く受け止められにくかったともいえようか。

そして晩年の関山は、布教と芸能の境界と、お互いに越えてはならない一線を、明確に認識していた。説教においては、派手な芸能的表出や情感豊かな物語も、すべて法義の要につなげるための手立てであり、それ自体が「ウケ」をねらう目的になってはならない。また芸能にも、厳しい修練と伝統に裏付けられた独自の「ルール」がり、それを尊重せず軽々しく布教に援用すべきではない。説教を志す者は、あくまで布教自体で「聴かせる工夫」をなすべきである。そのためには、古典の節をとことん学び、おのれのものとしてから、新しいものを創造していく必要がある。こうした関山の発言の重みは、今なお決して色あせていない。一九七〇年代に「説教の会」の講演の中で関山は、有名な大谷派の説教者（『説教と話芸』四七頁においては服部三智麿とする）が、一九一一（明治四十四）年一一月二七日富山県高岡で邂逅した名浪曲師桃中軒雲右衛門（一八七三～一九一六）に「おー芸人さんよ、花は咲いても必ず散るぞ、わしの説教をきいていきなされ」と声をかけた逸話を紹介し、「その一言に説教者の魂を見ることができる」[5]と高く評価した。やはりいうまでもなく関山の胸中には、説教の眼目が揺るぎなく刻印されていたのだ。

関山亡き後、釈徹宗は、「宗教と芸能の関係をたどりながら、双方が呼応する部分を浮かび上がらせていく。双方が呼応する部分こそ、現代人の宗教性を成熟させる道があり、伝統芸能の生命線がある。」との展望のもとに、落語の中に息づく仏教の世界を、リアリティーをもって描き出した[6]。それは、虎関師錬のような布教と芸能を二極対立で捉える構図を易々と凌駕する。その地平で拓かれる両者の関係性は、相変わらずの芸能アレルギーや、単純な芸能への付和雷同ではなく、それぞれ独自の立ち位置と伝統とを尊重しあいながら、響きあえる。これこそが、将来にむけての一つの可能性を示唆しているように思われてならない。釈も述べているように、芸能のルーツを辿れば必ずといっていいほどに、宗教に逢着するのだ。前近代の社会では、ごく当たり前であった「法芸一如」の世界を、近代という分化・分別のフィルターを外して、再認識していく必要があると思う。

三、節談における台本の意味

浄土真宗の伝統的布教技法である節談と、近代以降の法話のちがいのひとつとしてよく取りあげられるのが、「既存の台本そのままを丸暗記するのが節談で、現代法話は自己を語る布教である」との議論である。この論点こそが、節談を前代の遺物として非難する際に、取りあげられる最大の論点の一つであった。しかし、私は、この範疇設定それ自体、若干厳密性を欠くと思う。つまり、固定した台本全篇をそのまま弁ずるかどうかという問題と、台本を改変した場合その中に自己の体験を加味するか否かの点は、本来分けて考えるべきではないか。そのためには、個々の説教者のお取り次ぎがどのようになされていたのかを、実態的に解明しなければならない。最初に、説教台本の使われ方について検証しよう。

広く知られているように、近世後期から、明治・大正・昭和初期まで出版文化の広がりによって、おびただしい数の説教の版本や刊本が世に出たのである。(7) その分量があまりにも膨大であるため、それを一瞥しただけで、この時期の説教の特質がある程度把握できると思われてしまいがちなのだ。だが、こうした活字本のみを典拠として説教のありようを議論する方法には、重大な見落としがあるのではないか。そもそも出版された活字本は、説教者自身が筆録した台本あるいは周辺の人が記した説教の聞き書きを基にしている。それは、演者の固定的原稿か、ある一席の固定的記録でしかない。つまり、一人の説教者が、生涯にわたりどこへ行っても同じ説教を弁じたとは考えにくい。元来説教は、釈迦以来「応病与薬」「対機説法」を旨としているように、どこまでも相手の苦悩に寄り添って行われるものである。したがって、聴衆の性別・年齢・聴聞経験の度合いなどによって、同じ讃題を用いてもかなりのバリエーションを生んだであろう。まさに布教は「なまもの」なのだ。かくして、説教者が布教現場でどのようなお取り次ぎを行ったかについての、より実態的な検討が必要となってくる。和田恭幸も、布教本を刊行類（広義）と写本類（狭義）に分類し、両者の比較を試みている。(8)

幸い説教者の多くは、自身の備忘録として、各会所で「どの讃題でいかなる構成の話をしたか」に関してメモを遺している。かつて、東保流と遠藤流を学び各地で布教を続けた西河義教（一八九九〜一九八一）に取材した谷口幸璽は、「どんな話をしたか、参詣人の数も約何人とか、『胴付け』というメモをしとかんことには、布教は伸びんですわ。たくさん材料を持っていながら、去年しゃべったことを同じ場所でやると、『あゝまたや。（中略）』となるでしょ。やっぱり同行かて、新しい御馳走のほうが、おいしいがな」という会話を記録している。(9) 同一の会所に複数回出講した場合、少なくとも前回どのような説教をしたのかを常に点検する必要があったのだ。このような布教記録は、説教者にとって現役の間はいつも座右に置き、極めて大切に扱われたはずである。説教者の死後、その遺品として自坊において保管されている可能性も高いのではないか。私はここ一〇年余り、各地の説教者を輩出した寺院を探訪し、写本資料の残存状況を報告してきた。[10]そういった写本研究によって、活字本だけでは明らかにしにくい説教者の実像が把握できるのではないだろうか。[11]

私が最初に説教者の写本史料と邂逅したのは、二〇〇三（平成十五）年滋賀県浄楽寺に所蔵される野世溪真了の文献であった。真了は、明治初年「大教院」での説教によって「布教王」と称賛された椿原了義（一八三二〜七九）の実弟で、了義亡き後その遺風を継承し、数多くの刊本を編集した。それらは『椿原真福寺著書』として流布し、その一門は「椿原流」と呼ばれている。

浄楽寺文書は、真了の後裔である野世溪朝住職によって、整理解読が進められているけれど[12]も、真了自身が行ったと断定できる説教全体の台本は、わずか三篇が発見されているに過ぎない。それに対して、説教を構成するパーツに相当する「譬喩・因縁・結弁」を小話風に列記した「手控」類は二五冊に及び、現住が真了自筆と判定された写本だけでも一二部遺されている。[13]こうした「手控」類の寸法はかなり小型のものが多く、各頁の上部には「考テツカフベシ」

「〜ニ用ユル方宜シ」などの書き込みがなされ、門人間での貸借の記録もある。そしてその中の一冊の表紙には、「丁酉於巡回中綴替」と書かれている。つまり真了は、「手控」類を布教先まで携行し、説教構成を考えるのに使用していたのではないか。もし、どこへ行っても完成された一席を固定的にそのまま弁ずるのであれば、こうした「手控」の携行は必要なかったはずである。このことから察するに、真了の布教は、それぞれの布教現場の状況に対応して、「手控」類の中から、あたかも小引き出しを開けるように「譬喩・因縁・結弁」を選択し、かなり自由に構成されていたのではないか。

その後縁あって、真了から少し新しい時代に一世を風靡した名人木村徹量に師事し、後に徹量も学んだ東保獲麟寮に懸席した、神田唯憲（一八九九〜一九八四）の遺した『布教日誌』と布教材料集ともいうべきノート類（奈良県光圓寺蔵）を拝見する機会に恵まれた[14]。さらに、録音機器普及の時代まで布教を続けた神田の説教を収録したテープ一本が、神田の自坊に所蔵されていたのも幸運であった。神田は、一九二三（大正十二）年から五七（昭和三十二）年までの三四年間に、七冊の『布教日誌』を遺している（うち一冊は三冊を合わせた清書本である）。それらは、記述の粗密があるけれども、おおよそ以下のような書き方で統一されている。

昼本二席　信心安心

舎利弗並西岸上弁
凡夫釈　母停
後席　第一　冥衆護持益

右のようなメモ書きから察するに、彼の説教はここに記されたいくつかの譬喩や因縁を散りばめて構成されていた。「母停」とあるのは、別の布教材料集に記載されている「停車場の母」の因縁譚をさすと考えられる。ここではその物語は、「凡夫釈」に合法されていく。しかし、他の布教の場面においては、同じ因縁話が別の形で教義と結びつけられているのだ。

後席　第五諸仏称賛　但　雪綱除く

ここでは、日頃「現生十種益」の中の「諸仏称賛益」を説く際によく用いていた「雪綱卿の因縁」を、何らかの事情で語らなかった、と記している。また、録音が残されている一九五五（昭和三十）年一月一六日姫路市亀山本徳寺での説教後席（蓴慶典翻刻一四〇頁）においては、師匠木村徹量の『信疑決判』（一九二三年大八木興文堂一八一頁）第十二席に引かれる「河内国忠兵衛夫婦求法の事」と題する因縁譚を使用している。しかし、刊本の物語の後半、忠兵衛夫妻が本山参りをして鍵をなくすくだりは、語られていない。つまり、神田は師匠から受け継いだ物語の一部を用い、自分の説教を組み立てていたのだ。

ここから窺える神田の説教は、やはり野世溪の場合と同様に、固定的台本全篇をそのまま弁ずるのではなくて、細分化された譬えや物語をその場の状況に応じて再構成していたといえるであろう。もとより、明治初年から昭和中期までのわずか二人の事例研究だけで節談の全体像を把握するのは若干無理であろうけれども、こうした説教の組み立ては、現存節談説教者であられる廣陵兼純や藤野宗城（一九四一～）の応変自在な布教にも相通じるといえようか。朝枝善照（一九四四～二〇〇七）は、『妙好人伝』写本研究の一環として、最初の編者仰誓（一七二一～九四）がまとめた布教辞典『唱導蒙求』五巻を紹介した。この書では、布教素材を「聞法宿善」「求法至誠」「無常迅速」といった教義内容あるいは「和歌合喩」「雑類事縁」のような種類ごとに分類している。この中に『妙好人伝』に載せられた「伊州九瀬孫之丞」伝の出典が求められるのも、説教素材の実例として興味深い。さらに朝枝は、仰誓の二代後の浄泉寺住職で説教に明け暮れた善成（一七七二～？）の『転輪記』（浄泉寺文庫蔵の写本）の中にある、

寛政六　寅十月六日晩　千田　浄光寺　▲曠劫以来居生死　序弁　○朝夕ニ見レバ社有
○古ヘノ越路東　○四生ノ事　○有初終ナキ事ナシノ文　○山ノアナタニ烟　○今日モハヤ　○父母兄弟夫婦死後経年数忘悲事　○トニカクニ老ハ　○モシ相者アリテ今夕参集人ノ中ニ今夜中ニ死ル人アリト云ハヽ皆人心動スヘシノ事　○老衰ノ悲

という一七九四（寛政六）年の布教記事に着目し、多数の譬えや物語（○印）を使用して▲印の讚題を説く様子を解明している（著作集第三巻二〇一六年永田文昌堂一八八・一九六頁）。このようなメモの構成は、大正・昭和期の神田の布教日誌と酷似している。やはり、「譬喩」や「因縁」を自在に組み合わせてその場の状況に応じた説教を構成する技法は、決して近代以降の成立ではなく、節談そのものの特色であったといえようか。

節談技法の修得を志す場合、初歩の段階においては東保流の輪談のように、台本全篇の内容や口調まで寸分たがわず身につけることが求められた。同様な方法は、野世溪真了が門弟に説教台本の複写を与えているように、随行制度においても行われていたと思われる。やがて、一人前の説教者として現場での経験を重ねるうちに、前述のような「譬喩・因縁・結勧」を自在に按配する自分なりの布教が生み出されていったのではないか。すなわち、「節談は古典台本を丸暗記して演ずる芸能のような固定的技法だ」との位置づけは、正鵠を得ていないのだ。

次に、「節談は自己（の体験）を語らない布教である」との捉え方について検討したい。その前提として、自己を語ることとの功罪を整理しておこう。浄土真宗の布教は「自信教人信」といわれるように、阿弥陀如来より自らに恵まれた信心の発露であることはいうまでもない。特に近代以降の法話にあっては、自身の信仰体験を語る行為が重視されるようになっていく。そのような近代的視点から「自己を語らないのは芸能と等質」との批判がなされたといえよう。その一方で、自己（の体験）を語る場合、往々に一人よがりの解釈や劇的かつ過剰な波及効果のため、法義から逸脱する危険性があるのも否めない。それゆえ真宗布教には、そうした暴走を抑えるために、「自己（の体験）を語るべきだはない」との「リミッター」が備わっているとの考え方もある（釈徹宗の教示による）。このような二面性を踏まえるとき、布教の場で自己を語ることの是非に関しては、軽々に判断すべきでない。本章では、節談という伝統説教において「自己（の体験）が語られたかどうか」という事実に関してだけ確認しておきたい。

先述の浄泉寺十三世住職善成の『唱導日誌』一七八九（寛政元）年九月十八日の項には、「睦丸命終ノ記」と題する長篇の物語が記載されている（朝枝著作集第三巻九一頁）。これは、善成自身が「時、寛政十年戊十月、筆にまかせて児が終焉のありさまをかきしるしおはりぬ。」と文末に記すように、長男睦丸を亡くした前後の詳細な記録で、我が子の発病から看病の実際・臨終のありさま・葬送の様子、そして亡き子の歩みを辿った思い出などが、赤裸々に、そして親の思いがにじみ出るようなタッチで綴られている。この写本を翻刻した朝枝の論文を、日本近世史研究者のハロルド・ボライソ（一九三九〜二〇一〇）は、自身の勤務先であるアメリカボストンのハーバード大学図書館で発見した。彼は、「徳川時代の史料に、死に関する記録はあるけれどもそれは極めて冷たい非人間的な記録に過ぎないものがある。善成師が愛する子供の死について詳しい記述をしているのは、人間的なものである。[15]」と、生々しくも善成の思いがこもった物語の価値を高く評価している。そして善成が「睦丸命終ノ記」を『唱導日誌』に書きつけている以上、自らの体験した我が子の死という衝撃的な事実を、説教の「因縁」譚として使おうとしていた意図は明らかなのだ。当時の布教は、後に節談と命名される抑揚のついた高座説教であった。それゆえ、江戸時代の説教の現場においても、やはり自己の体験を踏まえた物語を用いていたことはまちがいない。

また、神田唯憲の布教材料集を繙くと、合計四〇個の話のうち、四例が自身の実体験風の設定になっている。すなわち、父を亡くした弟が何かにつけ兄である自分に遠慮がちにふるまう姿から親心の絶対性を説く「親のないしげる因縁」、中学の寄宿舎に母から送られた古い餅を見た親のない友人が涙にくれる話「六十銭の小包モチ」、随行修行を終えて奈良に帰る自分を深夜の駅頭で待つ母の姿から如来の慈悲にめざめる「停車場の母」、鹿児島からの船中で親との再会を楽しみに嵐にも動じない少女に出会った体験談「日向ナダ」が、それである。しかし、「日向ナダ」に関しては、田淵静縁（一八七一〜一九二三）著『布教大辞典』（一九〇七年）「愛欲」の項目にある「玄界灘上の少女」と内容が酷似している（府越義博の教示による）ので、神田がそれを自分の体験談として再構成した可能性が高い。他の三例に関しては、父亡き後に弟道俊を援助した状況や、武庫中学での寮生活経験、そして九州から奈良への帰郷の事実も、すべて物語と矛盾しない。したがって、今後刊本所載の類話が見いだされない限り、神田の実体験に基づく「因縁」話と考えておくべきであろう。神田の節談においても、自己（の体験）は語られていたのだ。

以上のように僅かな事例であるが、説教者の関する写本史料を視野に含めて検討すると、節談説教者は固定した台本全篇をそのまま弁じるのではなく、数多くの話材（「譬喩・因縁・結弁」など）のストックを用意し、その場の状況に対応しながら変幻自在に多様な説教を組み立てていたといえる。また、その話の材料の中には自己の体験も含まれていたようである。

四、説教者と同行の立ち位置

節談を批判するもう一つの論点に、「一方通行の上から目線の布教だ」という評価がある。確かに、これまでの説教者の中には、聴聞のお同行に対して、傲慢な態度で接する人も少なくなかった。これこそが親鸞の嫌う、「名利に人師をこのむ」権威主義に他ならない。先年、ある現代布教の大家から、「高座という物理的上下関係を、精神的上下関係にすり替えてはならない」という忠告を賜った。高座という装置は、より多くの人々への死角をなくすための設えであり、そこに登ったからといって、決して「自分が偉くなった」と思い違いをしてはならないのだ。

またこれとは逆に、聴衆に媚びへつらう説教者も見受けられたという。節談全盛時代の法座の運営システムは、予め用意された主催者の予算や全檀家の拠出金によって贖われる現在のような制度ではなかった。説教を聴聞した同行たちが、その場で笊や盆に入れる賽銭の中から、まず本山に一割を納め、残りの九割を法座主催者と説教者で折半する方式が、一般的であったという。この時代、熱心な同行は、所属寺の枠を超えて、ありがたいお取次ぎを求めて、法座に参詣したのだ。したがって、お同行に受ける説教には、「群参」といわれる多くの聴衆が集まり、当然賽銭の額も多くなり、法座の収益も増すこととなる。そのため、同行や法座の主催者は卓越した布教使を招請しようとし、一部の説教者は、大衆受けしそうな過度の芸能的表出に走るなど、聴聞者に媚びへつらう結果をもたらしたのだ。

当然のことながら、聴衆と布教使の関係性は、共に同じ如来のみ教えを聞き讃嘆する「御同行　御同朋」であり、一切上下の差別などありえない。このことは、節談に限らず布教に関わるすべての者が絶えず認識しなければならない原点なのだ。

また、節談は、一方的に教えるだけの布教であり、聴聞者は黙ってそれを聞くのみと捉えられがちである。しかし、朝枝善照が紹介した[16]『新続妙好人伝』には、「唱導」・「法談」・「法話」の語句がみられる。前後の文脈から類推して、「唱導」は法座全体をさすことば、「法談」が高座でのお取次ぎのことである。そして「法話」とは、高座での布教が終わった後で、聴聞の同行がお取次ぎの味わいや信心の問題について話し合う場をいうのではないか。一方、後に述べるように[17]、野世溪真了の説教を聴聞した椋田与市は、法座終了後に真了の控室に足を運び、腑に落ちない点を率直に質問している。真了は、身近な譬喩を使い、与市の合点がいくように、懇切に説明しているのだ。

右のようなわずかな事例を見ただけでも、節談は必ずしも一方通行の布教ではなかった。もとより、節談は、往々にして上から目線に陥ってしまいがちな危険性を孕んでいる。だが、それは節談のみの問題ではなく、問われるべきは個々の説教者の姿勢ではないだろうか。

五、むすび

今日の宗門内外や学界においても、個人的嗜好やあるべき布教理念さらにはイデオロギーなどの差異はともかくとして、いまだ節談に対する正確でない認識が多々見うけられる。それも、節談への批判がいまだに冷めやらない一因といえよう。本章は、そうした誤解を解決する営みの一助である。

虎関師錬以来繰り返され、また関山説の根幹に据えられてきた「芸能と布教の関係性」について、晩年の関山の発言を手がかりに考えてみた。関山は、あくまで宗教と芸能の越えてはならない一線を熟知していたといえる。そのうえで、近年の釈徹宗の提言のように、両者がお互いの立ち位置や伝統を尊重しながら、刺激・呼応しあう領域においてこそ、「近代化」の壁を破る可能性が秘められているのかもしれないと想定した。

そのうえで、節談が「時代遅れ」であると誤解される最大の論拠となってきた、「全台本を丸暗記し自己を語らない芸風説教」という先入観について再検討を試みた。こうした認識が生まれた背景は、節談を理解する史料として版本や刊本のみに依拠し、未発表の写本から窺える説教者の実像にまで思い及ばなかったためではないだろうか。若干の事例研究に過ぎないが、これまで写本史料に基づいて解明してきた節談説教者像の大部分は、伝統を身につけるまでの学びの時期は別として、実際の布教現場に立つ身となってからは、身辺に蓄えた多くの譬喩・因縁・結弁の素材を縦横に駆使して、感動を呼び起こす多彩な説教を行っていた。熟達した説教者たちは、ある程度固定的台本から自由であったのだ。そして、説教のパーツを構成する物語の内のいくつかは、紛れもなく自己の体験に基づく話であった。説教者は自己を語っていたのだ。

最後にもう一つ、「節談は上から目線の一方通行の布教」との非難について検討した。これは、高座という高い位置に安住し、如来のお慈悲を共によろこぶ布教の原点を逸脱してしまった一部の説教者のことを思えば、的をついた批判といえよう。その一方で、わずかな史料ながら、法義の味わいを語り合う「法話」の存在や、同行の問いに真摯に答える説教者の姿を垣間見ることができるようである。その限りにおいて、前述の先入観は、幾許か節談の実像と乖離しているといわざるをえない。

註

（1）「関山和夫先生の御生涯」（『節談説教』第一一号二〇一三年一九頁）。（本書第九章）
（2）直林「小沢昭一の遺産と課題」（『大法輪』第八三巻三号二〇一六年一八〇頁）。（本書第九章）
（3）「小沢昭一と節談説教―一九七〇年代における声の文化の復権活動」（二〇一七年一〇月二九日第八六回日本音楽学会全国大会）。
（2）『節談説教』第四号二〇〇九年六～一八頁。
（3）『説教・埋もれた芸能史からの招待』（一九七四年・風媒社刊八一頁）。
（4）『落語に花咲く仏教・宗教と芸能は共振する』（二〇一七年・朝日新聞出版刊七頁）。また、最近角岡賢一も、「信仰と芸能という側面から見た説教」（『節談説教』第二三号二〇二〇年一一頁）を発表している。
（7）武藤幸久「説教本書籍一覧」（『仏教・文学・芸能』九八七頁）、府越義博は武藤の死後、その遺志を引き継ぎ整理につとめ、『節談説教』創刊号二〇〇八年二四頁にまとめている（直林「善徳寺・武藤幸久師」・『節談説教』第二〇号二〇二〇年二七頁）。
（8）『御伝鈔演義』と写本の説教台本」（『文藝論叢』第七八号二〇一二年一四四頁）。
（9）『「節談」はよみがえる』（二〇〇四年・白馬社刊三二頁）。
（10）「節談説教者の遺蹟を訪ねて」（一～二二）（『節談説教』第一～二一号）。
（11）朝枝善照著作集第二巻（二〇一六年・永田文昌堂刊一六頁）において、『妙好人伝』に関する写本研究の意義が述べられている。
（12）「椿原流の説教資料」（『仏教　文学　芸能』九七三頁）。
（13）直林『節談椿原流の説教者』（二〇〇七年・永田文昌堂刊一一六頁）。
（14）直林『名人木村徹量の継承者　神田唯憲の節談』（二〇一四年・節談説教研究会刊）。
（15）Harold Bolitho「続妙好人伝基礎研究序文」・一九九九年起草。
（16）朝枝善照著作集第三巻（二〇一六年・永田文昌堂刊一八四頁）。
（17）直林「節談説教者と妙好人」（『相愛大学研究論集』第二八号二〇一二年七頁）。（本書第八章）

第三章　節談の特質―知識人たちからの批判を手がかりに

一、はじめに

今日、様々な布教を呼びならわす際に、「節談説教」というネーミングが使用されている。それゆえ、各自の把握する「節談説教」像を前提とした議論が行われるため、「これが節談説教だ」という統一的イメージも構築されず、若干の齟齬が生じてしまっているといえよう。私は、その背景として、「節談説教」の呼称を創始しそれを流布せしめた関山和夫の行った概念規定に、時期的な変化があるのではないかと考えている。[1]すなわち、関山の初期の著作[2]では、あらゆる話芸の源流の一つになった芸風通俗説教の総称として「節談説教」を、宗派横断的に使用していた。しかし、二十一世紀に入り真言宗僧侶によるこの名称を冠した新手のパフォーマンスが現れ、一部の研究者がそれに同調しかけて以降、関山は「節談説教は浄土真宗独自の伝統である」と強調するようになっていく。[3]それゆえ、本章でも「節談説教」の四字熟語は用いず、それ以前から浄土真宗に流布していた節談という括りで議論していきたいと思う。

なお、最近蓴慶典が谷口幸璽から借り受けた、遠藤了義述手描きガリ版刷りの説教台本『安心説教』「音調記号説明」の中に、「シカシ彼ノ節談ニ用イラルヽ浪花節的ノ作声ト混乱セヌ様注意ヲ要ス」との言及がある。これによれば、遠藤流においては、自らを節談と混同されることに、幾許かの抵抗を感じていたようである。また、当時最大規模を誇っていた東保流でも、「昔から『東保流節談説教』とは言いません」と福専寺神子上恵群住職が発言したことがある。(5)つまり、関山の研究以降、節談の範疇で位置づけられている遠藤流や東保流には、自身の布教と節談なる芸風説教との間に距離をおく、一定の矜持があったとみてまちがいない。それゆえ、この節談という名称そのものも、決して完璧な範疇ではない。しかし、一応本書では、長い仏教における大衆伝道の歴史を受けて、江戸時代の浄土真宗で成立し昭和期まで命脈を保った、儀礼性・芸能性豊かな高座説教をもって節談と呼び、その特色をまとめていくこととしよう。

具体的には、節談という伝道技法を用いて、先人たちがどのようにみ教えをお取り次ぎし、それを聴聞したお同行達がいかなる念仏者に育っていったかを振り返りたいと思う。また、節談を長所・短所の両面で位置づけ、その長所を現代に蘇らせ将来に活かす意味と、その際解決しなければならない課題について考えるための素材を提供していきたい。

さて、節談の特色について述べる前に、布教方法に関する興味ある論評を、紹介しておく。

身首を揺らし音韻を婉にし、言は偶儷（対句）を貴び、理は哀讃を主とす。檀主を言う毎に、常に仏徳を加し、人心を感ぜしめんと欲しては、先ず或は自ら泣く。痛ましきかな、無上正真の道、流れて詐偽俳優の伎と為ることを。(6)

これは、一三二二（元亨二）年日本初の本格的体裁を持つ仏教史書として編まれた『元亨釈書』の一節である。(7)著者の虎関師錬という禅僧は、当時隆盛を極めた「安居院流」「三井寺派」などの芸能風布教に対して、痛烈な非難を浴びせていく。ここに登場する難点「身体技法」（揺身首）「節付け」（婉音韻）「語り口調」（言貴偶儷）「情緒的な話の流れ」（理主哀讃）などは、後の節談につながる特色そのものといえるのではないか。やはり学僧の目には、それらは到底許しがたい技巧として捉えられたに違いない。「伝道の理念さえあればその技術など無意味だ！」とも受けとれるような虎関の主張は、布教における技法論それ自体を、拒否しているようにさえ聞こえなくもない。

教学と芸能。理と情。こうした問題の構造は、決して鎌倉期だけではなく、いつの時代にも存在したのだ。現場の説教者は、どこまでも聞き手にわかりやすく、なおかつ感動的にみ教えを伝えようとするあまり、受け狙いに走ってしまい、真摯な仏道を汚すという烙印を押される。その結果、学者の顰蹙を買う。殊に市井に生きる多くの人々を対象とする浄土真宗布教においては、その傾向が強いのではないか。やはり節談は一面において「劇薬」なのだ、ということを認識しておかなければならない。以下本章では、虎関師錬の指摘した難点の中で、「身体技法」「節」「語り口調」「構成法」を取りあげ、それぞれについてプラスとマイナスの両面から捉えなおしてみたい。

さらに、真宗高田派寺院に生まれた作家の丹羽文雄（一九〇四〜二〇〇五）は、幼少期に見聞した節談による法座の光景を、いくつかの作品の中で辛口の視点で描写している。丹羽の立ち位置は、芸風説教をして前近代の負の遺産と捉え、冷ややかに眺めるものであった。したがって、当時「改良説教」と呼ばれていた新しい講義調の法話を好む傾向があり、節談に対し辛辣な批判を行っていく。だが、昭和期を代表する作家の鋭い観察眼は、明治末期から大正期にかけての節談に支えられていた法座の雰囲気を実に的確に描き出しているのだ。それゆえ本章では、丹羽の作品の中からもいくつかの記述をとりあげ、検討していきたい。

二、素手の布教—過度の身体性

節談研究の先鞭をつけた関山も、節談に関して「身振り手振り」、「ハナシとフシ」との切れ目がはっきりしないこと、「五段法」という独自の構成法などを、その特色として列挙された。

確かに節談は、声を含めた身体表現の他に、何一つ補助的なツールを保持できない布教技法である。高座という限られた場に身を置き、原稿やレジュメ・黒板・パワーポイントも使えない。中啓の柄で虚空に字を書く。それゆえに法義の要をとことん絞り込む作業が必要となり、どうしても知的理解よりも、過度の芸能的表出に頼らざるを得ない。

丹羽文雄は、一九五五（昭和三十）年に発表した長篇小説『菩提樹』の中で、報恩講の布教について述べている。

説教師は絶えずからだを動かした。右を向き、左を向き、おじいさんおばあさんの頭の上に今にものめりこんでいくような動きをくりかえした。左手で木珠白撚総の数珠を鳴らし、長い法衣の袂をひるがえして、腰から上の全部を動かして、節をつけて説教した。（中略）節をつけた説教が、善男善女の皮膚の上に快い感じを与えるのは、たしかであった。人々は高座の説教師の顔に釘づけになっていた。高座の人間の動きにつれて、おじいさんおばあさんはからだを動かしていた。（『菩提樹』初版一九五六年・新潮文庫本九〇頁）

ここには、節談の持つ高度な身体性と、それに共振する同行たちの姿が、遺憾なく活写されているといえよう。また、他の作品『青麦』には以下のような一節が見うけられる。

説教師は、これほど安易なありがたい教えが何故わからないかといった調子で、答えばか

りをくりかえし、ありがたい節まわしで押しつけた。(『青麦』初版一九五三年・新潮文庫本七九頁)

素手の布教であるから、当然煩瑣な合理的論証は捨象せざるを得ない。だが、近代的知性を具えた丹羽からは、「ありがたい答えをおしつけられて、自分でもわかったような錯覚におちてしまう」という批判しか生まれてこなかったのだ。

節談は、説教者の身体表現以外に伝達のための道具や手段を持たないため、過度の身体性に頼らざるを得ない。その結果、節付け・語り口調を重視し、さらには客観的論証よりも情感に訴える話の構成が重視されたのではないだろうか。だが、身体性の強調は、ややもすると芸能との境界を越えてしまい、教えをしっかりと理解してもらうという伝道の大切な要件を、切り捨ててしまう傾向にあったといえよう。節談は、一面においてそんな宿命を抱えていたのではないか。

三、節の役割に学ぶ

節付け布教の淵源は古く、初期の説法を形式や内容で分類した「九分教」の中に、「祇夜」「伽陀」といった韻文が含まれているように、仏教創成期から節のついた説法があったとされている。節のかかった韻文は、何よりも暗誦に適していたからだ。やがて大衆に法を伝える大乗仏教が興起していく。最初の大乗宣言者といわれる「法師（ダルマバーナカ）」は、音楽性豊かな伝道者（バーナカ）の系譜を引いて誕生したようである。[8] また部派の戒律では出家者の音曲への関与を禁じていたが、大乗に至って仏菩薩への音楽性を帯びた讃嘆や供養が幅広く見られるようになるという。[9] やはり大衆への伝道のためには、節を帯びた説法が必然的に求められたのではないだろうか。

では、なぜ節は、大衆に説法するツールとして求められたのかを考えておきたい。藤田隆則は、「節にはことばを冷凍保存する役割がある」と述べている。[10] 節にのせて語られたことばは、意味が分からなくても、単なる音声の列としてフリーズされる。それが何らかの縁に触れて、あたかも氷がとけるように、意味をもって蘇ってくる。

例えば、「二種深信」「機法一体」のような難解な教学用語を、節にのせて幾度となく聴聞し続けた妙好人たちだからこそ、いつしかその深い味わいにめざめ、ご法義が身についていったのではないだろうか。父の今わの際のひとことをきっかけに、真摯な聞法を続けた因幡の源左（一八四二〜一九三〇）。むろん長い聴聞の場で語られる平易な譬喩などによって、教えの内容を頭の中では一通り理解できていたに違いない。でも彼には、如来の喚び声は聞こえなかった。ある日、自分の刈り取った草の束を背負ってくれる牛の姿を見て、我が身の背負うべき業を引き受けてくれる如来の慈悲にめざめ、「ふいっとわからしてもらいました」(『妙好人因幡の源左』百華苑一九六〇年)と、長年聞き続けた説教のことばが腑に落ちたのだ。また、長門のお軽(一八〇一~五六)も、夫の不貞という人間苦を抱えながら、十年に及ぶ求道聞法の日々を重ねていた。高熱にうなされる病床の彼女の脳裏に浮かんできたのは、散文ではなく「聞いてみまんせまことの道を　無理な教えじゃないわいな」(『妙好人おかるの歌』永田文昌堂一九九一年)という七五調の歌であった。こうした妙好人たちの回心こそ、節に乗って記憶され凍結されていたことばが後になって氷解する、節の効果の典型といえるであろう。おそらく仏教を学問的に理解しただけでは、劇的なめざめは生まれるはずもなく、妙好人に見られるご法義の身体化・生活化は、不可能であったのではなかろうか(11)。

このように、学識もなく文字の読み書きもままならない多くの人々に向けて仏法を伝えようとする場合、節付けの語りが大きな役割を演じてきたにちがいない。しかし、その一方で節の持つ劇的効果は、その使い方を間違えると、あくまで仏意や祖意を取り次ぐ伝道の本義から逸脱してしまう危険性をも孕んでいるのである。先に引用した丹羽の『菩提樹』には、

説教師という人間は、坊主の中でも特殊な存在のように思われた。浪曲のように唸り、節

をつけて語ることが、聴衆には気にいられているようであった。（中略）説教師は巧みな演技者だった。法悦境に誘いこむ魔術を心得ているらしかった。ひろい本堂にぎっしりつめかけている聴衆は、一人としてよそ見をしているものはいなかった。聞きほれている。うっとりとして聞いている。情緒的に聞いている。（『菩提樹』九〇頁）

と節の効果についてリアルな描写がなされている。節によって醸成される情緒的な聞き方は、信心を日暮の中に深く浸透させる機能を果たす一方で、聴衆をわかったような気にさせる危うさも内包しているのだ。丹羽は続けて、

おじいちゃんおばあちゃんには、説教師のことばを批判している暇はなかった。批判は無用であった。そんな心があれば、他力本願のありがたさはわからない。法悦境にはいりこんでいくわけにはいかない。（同九一頁）

という。たしかに法悦の世界には、合理的批判は必要ない。だが、節のついた語りには、情念に訴える技法であるがゆえに、お同行に知的理解の領域を一気に飛び越えた、ある種の思い込みを与えてしまう危険性もないとはいえない。

四、語り—「受け念仏」を生む「間」

節談の口伝の一つに、ことばの末尾をぐぅーと引き延ばす語りの技法がある。「ナモアミダブの六字なりぃ〜〜」「本願じゃぞぉ〜〜」。関山によれば[12]、これはマイクのない時代、広い堂内の隅々に音声を届けるための「呼ばわり説教」の技術だったという。まさにその通りといえよう。

もう一つ注目したいのは、語尾を引き延ばすことによって、母音が強調されるという点である。世界の言語の中で母音の比重が大きいのは、日本語とポリネシア語などごく一部だけだといわれている。また、自然界の音や、ことばの意味を解する以前の幼児が発するのも、母音が多いときく。角田忠信によれば、日本（語）人には母音を右脳で雑音として処理するのではなく、意味を持つ言語として左脳で聞く傾向があるといわれる[13]。私は言語学や音声学ましては脳生理学の専門家ではないので、憶測にしか過ぎないけれども、節談の語尾を引く語りの技法は、そうした日本語の特質自体と深く関係しているのかも知れない。

さらに、これは、以前範浄文雄（一九一三〜六五）の音源を編集した時（『範浄文雄説教集』二〇一一年国書刊行会刊）に気づいたことであるが、語りの末尾を長く引き伸ばすタイミングで、聴聞のお同行から「ナンマンダブ ナマンダブツ」とお念仏の声が溢れ出ているのだ。それを「受け念仏」という。話の最高潮の場面で、最後に語尾がぐぅーと引かれる。そこに感動のお念仏が湧き起っていく。仮に、語尾がぷつんと切れる普通の終わり方をしていたのでは、念仏を称える「間」が生じてこない。あくまで結果論にしか過ぎないけれども、語尾を引き延ばす技法が、受け念仏の声を導き出しているのは確かではないでだろうか。

浅原才市（一八五〇～一九三二）の歌の末尾は、「なむあみだぶつ・なむあみだぶつ」というお念仏で結ばれているものが多い。彼が法座での感慨を詠んだ何首かを紹介しておく。

「ごさんだいわうまいうまい　なむあみだぶユこころとられて　うたがやどこいた　うたがやをらん　なむあみだぶ二みなとられ　こをんうれしやなむあみだぶつ　なむあみだぶつ　二十一日二ちゅのあじやい」

「さいちやほとけをみみまできくか　じりきうたがいかべをとれ　ほとけのこころ　こころにをろせ　ごをんうれしやなむあみだぶつ　なむあみだぶつ　あいのよろこび」

「ごけどをきききなみがたつ　こころにあたるろくじのなみか　ごをんうれしやなむあみだぶつ　なむあみだぶつ　あいさあいさのたのしみよ」

「をくねんのしんをあじよてみま正　わたしやあなたにひきまわされて　ごをんうれしや

なむあみだぶつ　なむあみだぶつ　これも二ちゅうあじゃい」
「さいちがこゝろわどこでしれる　二よらい三のこゝろもどこでしれる　なむあみだぶつわ二よらい三のこえ　わたしゃわすれてくらすの二　をけなこよしてよびなさる　ごをんうれしやなむあみだぶつ　なむあみだぶつ　これわやどいいんでからのあじゃい」（朝枝善照著作集三・四八五〜四八六頁）

才市は、讃題から始まり宿に帰るまで、法座聴聞あらゆる場面において常に念仏を申していたのだ。これは、若き日の彼の師とされる七里恒順（一八三五〜一九〇〇）[14]が常念仏の人であった影響を受けたとも考えられるが、私は才市流の「受け念仏」の表現として捉えてみたい。如来のまことが我が身の中に至り届いたからこそ、思わずほとばしり出るのは感謝のお念仏。そこには、説き手と聞き手、いや仏と衆生の隔たりを越えた、感応道交の世界があったのではないか。

丹羽は、受け念仏の光景を次のように描き出している。

説教師が言葉を切ると、まるでその機会をまちかねていたように、「南無阿弥陀仏、南無阿弥陀仏」聴衆の口から、念仏の声がもれた。本堂中の声となるので、高座をめがけて潮がもれ上がっていくようであった。人々の喉から思わず知らずもれる溜息のような称名念仏の声であった。すると説教師は、念仏の合唱をぴたりと抑えつけるようにして、再び喋りだすのである。いやが上にも感動をかきたてるように、次から次に節をつけたありがたいことばを喋りつづけていくのであった。(『菩提樹』九〇～九一頁)

このように、あまり語りの技巧に走りすぎると、往々にして聴衆を手玉に取る落とし穴にはまってしまいがちなのも、また紛れもない事実なのだ。

そして、ここ数十年の歳月の流れの中で、各地の法座において満ち溢れていたこうした受け念仏の光景は、音もなく消えうせてしまったのだ。その要因は種々考えられるけれども、その一つに近代至上主義を標榜する教学者たちによる受け念仏嫌いがあったのではないか。

一九六一(昭和三十六)年「親鸞聖人七〇〇回御遠忌」の記念行事として約一三〇名の「真宗大谷派布教使」が集まり開催された「布教使大会」の席で、当時真摯な教学者として知られていた蓬茨祖運(一九〇八～九八)は、「念仏がただ『名』のみでありまして、その『義』が今日明瞭を欠いている」との当時の現状認識のもとに、次のように発言する。

私はまず「念仏を申すか申さないか?」ということを、地方の門信徒に会いますと、若い人にも聞くのでございます。そうしますと、「念仏申します」とこういわれます。しかし、「そのお念仏はどういう気持ちで申されますか?そのお念仏というのはどういうわけですか?」と申しますと、「全然知りません」。「じゃーなぜ申しますか?」というと、「習慣上申すのである」というのが、これが大体一般の人の答えでございます。

私は、この発言の中に垣間見られる「地方の門信徒」「一般の人」という表現そのものに、発言者自身の「上から目線」の立ち位置を感じざるをえない。習慣化された伝統に甘んじるのではなく、念仏の教学的解釈やそれを申すこころのありようをきちんと学問的に理解してほしいという意図はわからないでもない。しかし、まさに日々の「習慣」となるほどに、称名念仏が身につき生活化していたお同行達に、「念仏申すわけ」(理屈)を質問していった結果、逆にお念仏の声が出なくなるのは当然ではないだろうか。「節で語り、念仏で受ける」という響きあい感じあう世界は、このようにして切りすてられ消されていったのであろう。やはり宗教の世界においては、教義を正しく理解するのみならず、あくまで情念に染みこませていく場面も大切なのだ。

五、物語の力を活かすには?

節談の構成法は多彩であるが[15]、完成度が高くなおかつ広く用いられているのは、五段法である。五段法は、近世の浄土真宗で確立したが、そのルーツを尋ねると、中国の『法華経』解釈、さらには先ほど少し触れたインド以来の仏典分類法にまでたどり着く。つまり、そこには仏教伝道史の精華が凝縮されているといえるであろう。

出家者中心の部派仏教の説法をまとめた「九分教」をベースに、大乗になると「譬喩」（難解な教理を身近な事例に置き換えて説明）と「因縁」（説法や戒律制定の背景になった赤裸々な人間ドラマ）などが付加されていく。[16]「譬喩」は、あくまで理解のための手立てであった。その一方「因縁」には、み教えを全身全霊に染みこませる効果があったのではないか。聞き手の情念に響く物語としての「因縁」の果たした役割は大きかったと考えられる。これが「十二部経」への増幅を生む。

中国の学僧法雲（四六七〜五二九）や天台智顗（五三八〜九八）は、大衆への布教に効果的な「譬喩」「因縁」を、代表的大乗仏典である『法華経』の科段に援用した。釈迦は、同じ真理を聞き手の習熟度に配慮して、理論的に（「法説」）、明快な譬えを使い（「譬喩」）、そして情緒に訴えた人間の物語（「因縁」）を駆使して、三回反復して説いた、と考えたのである。それを「法・譬・因」の三周説法という。つまり、熟達した相手には理路整然と語り、中級者にむかっては解りやすい譬えを用い、初めて聞法する人には胸に響く物語から説き起こしていくべきである、と『法華経』の説法を解釈した。

日本天台宗から聖覚を通じ「安居院流」に伝承されたこの三周説法を中核として、冒頭にテーマとなる聖教のご文を引き（「讃題」）、最後に譬えや物語を讃題に照らして位置づける合法を経て、一瀉千里に七五調の韻文で畳みかけるように短く弁じあげる（「結勧」）を付加した「讃題―法説―譬喩―因縁―結勧」という五段法が完成したとされていく。「讃題に付いて（法説）、はなれて（譬喩・因縁）、またついて（合法）、花の盛りに置く（結勧）が一番」「始めしんみり（讃題・法説）、中おかしく（譬喩・因縁）、終わり尊く（結勧）」と口伝の格言には、終始讃題の主旨が貫徹する唱導の骨格と語りの極意を窺うことができる。

現在でも節談に対して多くの人々が描いているイメージは、一席の台本をそのまま丸暗記して演ずる、古典芸能と等質なものであるという先入観にねざしている。たしかに東保流獲麟寮や遠藤流獅子吼寮のように多くの寮生が合宿して技術を習得する段階では、こうした基礎的学習法が大切であった。しかし、現場での布教経験を重ねる内に、その場その場の状況に応じた自在な布教を行うようになったのではないか。野世溪朝が編集した椿原流野世溪真了の説教資料の「目録」を見ると、自身の説教を記した一席丸々の台本は少なく、譬喩や因縁そしてセリ弁を多数集めた「手控」類が多い。また、名人といわれた木村徹量に随行し、後に獲麟寮にも懸席した神田唯憲の記録では、多くの譬喩や因縁を伸縮自在に組み合わせた構成を用いていた痕跡が窺える。熟達した説教者たちは、五段法のような一定の規矩のもとに、一つの讃題に照らして選びだした多彩な譬喩や物語を、あたかもパズルのように再構築して、一席の布教を組み立てていたのではないだろうか。[17] 節談は、現代法話と何ら変わる所のない生の布教であったのだ。

そして、この五段法の中で最も大きなウエートを占め、聞き手を大切なみ教えへと誘う機能を果たすのが、「因縁」の物語なのだ。苦悩に喘ぐ多くの人々は、自分と同じ煩悩を抱えながら生きぬく人間の物語に身を委ね、必ず救済されゆくよろこびを体感できるのではないか。だがその一方、人間ドラマを語る場合、危険な陥穽も少なくない。釈徹宗は、古典の物語に向きあう姿勢に関して、「くすぐったら、こそばゆいところは昔から変わらない」という二代目桂枝雀（一九三九〜九九）のことばを引き、物語に共振する部分の不変性を指摘された。[18] しかし、この魂を揺さぶる物語の一部には、封建遺制を引きずった他者を傷つけてしまう表現や文脈そして場面設定も含まれているのである。

それゆえ節談を現代に蘇らせようとする場合、この大きなパワーを有する物語を、どのように布教の中に正しく位置づけるかが大きな課題であり、様々な試行錯誤を続けてきた。浄土真宗布教に用いる物語は、弥陀の本願が苦悩の凡夫の中に展開する姿を説くことが基本である。

自分と同じ煩悩具足の人間が、本願に出遇いどんな人生を歩んだのか。祖師や先輩念仏者（妙好人たち）の姿、時には自分の体験も交えて語っていく。私は、これこそ「因縁」の基本的スタンスだと認識している。でも、物語をあまり矮小化してしまうと、布教の厚みがなくなってしまうかもしれない。そこで、杉本光昭のような、一切古典を用いず、日常生活の中で経験した感動的場面をご法義の尺度で味あう物語も、広い意味で「因縁」といえるであろう。また、府越や蔦は、古典の物語を現代に通用する形に改作する営みを続けている。情感豊かな物語を含む節談の構成法には、知的理解を超える力が内在しているのではないだろうか。

丹羽は、節談の流れに関して、

高座の上からは、時々叱りつけるような声が飛んだ。叱りつけたり、なだめたり、悲しませたり、不安につき落としたり、暗示をあたえたり、絶望させたり、飛躍をしたり、理づめにとき明かしたりして、説教師は人々の心を自分の思うままにひきまわしていた。巧妙極まる話術であった。人々の心は、説教師の口のままに動くのであった。説教師は、人々の心の隅に巣くっている悪魔を誘い出し、追放することに成功する。迷いは霧散し、人々は十分に説得されたような気持になる。安心の出来る気持になってしまうのである。（『菩提樹』九一頁）

説教師は話上手であった。しんみりと悲しませたり、喜ばせたり、笑わせたり、はらをたてさせたり、感動させたりして、話術の巧拙が競われた。(『無慚無愧』一九五七年集英社文庫二〇四頁)

と、そのバリエーションの多さを揶揄する。特に『無慚無愧』の叙述からは、布教使が五段法に則って語っていた痕跡を窺い知れる。まさに喜怒哀楽の情念に訴える布教法の面目躍如たるところであろう。だがそこには、聴衆を翻弄する布教使の傲慢さに対する非難が込められているのだ。法説・譬喩・因縁を変幻自在に駆使することによって、聴聞の同行を手玉に取る説教者。ここに、節談が排斥されるに至る一因があるといえよう。また、あまりにも感動的な物語を用いると、それがあくまでご法義を伝えるための手段であるという本質が忘れ去られ、物語の面白さのみが独り歩きしてしまう。さらには、情念の世界に染み入る物語だけを強調しすぎると、教えを理解する側面が捨象される傾向もあるようである。強烈な物語だけが記憶され、肝腎な法義が疎かになってしまう。そうした危惧は、すでにインドにおいて譬喩や物語を抑制していたように、たえず意識されていたようでる[19]。三周説法に従えば、感動的な人間ドラマから入っていき、明快な譬喩で理解を深め、教義を身に付けるという方向が示されている。逆に知的理解を好む近代以降においては、最初は頭だけで理解していた教えを、情感豊かな物語にであうことによって、改めて身体化・生活化できるパターンもあるのではないか。いずれにしても、教えを理解することと、それを全身全霊に薫習することのどちらも、伝道にとっては必要欠くべからざる要件であるといえよう。

六、妙好人を育んだ節談

つづいて、節談を聴聞してどのような念仏者たちが育っていったかを、見ていきたい。民藝運動を率いた柳宗悦（一八九八～一九六一）は、節付け説教が妙好人を育んだのではないかとの展望を示された。[20]つまり、本を読んだり仏教の学問的講義を聞いたことのない市井に生きる人々が、足しげく法座に通い、情感豊かな説教を何度も繰り返し聴聞し続けたからこそ、仏法を頭で理解するのではなく、全身全霊で受け入れることができたのだ。妙好人たちにとっては、お念仏は日暮しの隅々にまで染みわたり、生きる糧になっていたのではないか。

柳の提言は、宗門「近代化」のうねりに呑み込まれ、伝統説教が排斥されていく大谷派の状況を憂えた多屋頼俊を通じて（石橋義秀の教示による）、その門下生たる関山へと継承され、「節談説教」というネーミングのもと、大きなブームを巻き起こした。しかし、節談と妙好人との関係性を問う視点は、あまり関心を呼ばなかったようである。

朝枝善照は、最初の『妙好人伝』編者の仰誓は唱導の大家であり、初期『妙好人伝』が出版されずに門人間で書写され広まった点などを勘案して、『妙好人伝』には伝道に用いる物語の種本としての性格があったのではなかったか、と推定していく。(21) つまり、情緒豊かな節に乗って語られる「泥中の蓮華」のごとき先輩念仏者の物語に共振して、妙好人が育てられる。その妙好人の物語が、また節談の「因縁」として流布し、新たな妙好人が生まれる。

一方、節談が育んできた妙好人に対しても、学僧たちは節談同様に冷ややかな視線で眺めがちであった。あたかもその傾向は、戦前の皇国史観に支配された学界が、民衆史を極端に見くだしていた状況によく似ているように感じられる。以下大谷派の「近代教学」の旗手たちの妙好人評価について一瞥してみよう。

金子大栄（一八八一～一九七六）は、「私、正直に申しますと、妙好人というものを好まないのです。（中略）妙好人というものは在家であって、しかも悟った僧侶の言うようなことを言うものであります。それは、私たちの申します生活に即した宗教とはかならずしも一つではありません。ああいうふうに妙好人といわれておる人にも、生活はあるでしょう。けれども言っておことは、片言まじりに悟ったようなことを言っておるのであります。禅の坊さんのいうようなことを言っておるのであります。」（「宗教入門」・金子大栄随想集第六巻八八頁）と、妙好人に対して冷ややかな目線を注いでいるのだ。金子は、その表向きの理由として、妙好人たちには親鸞に見られるような「一生煩悩具足の凡夫」として「人間生活を悲痛した」内省的発言がないからだという。だが、私にはそう思えない。よく知られているように、浅原才市の歌の中には、どこまでも拭いきれない自己の虚偽性を厳しく凝視し続けたものも多い。

また、椿原了義・野世溪真了の節談を聴聞した妙好人椋田与市は、硬く尖った針葉を持つ樫（モロダ・ムロ）の枝を報恩講の仏前に供えていた。他人からその意味を問われると、「幾分でも我が身の浅間しい姿を見せてもらいながら、御法をお聞かせにあづかる積りじゃ」と語っていた（『是人名分陀利華』一二頁）。また、「一言でよろしいからあなたの喜びを聞かして下さい」と問われた与市は、それには返答せず買ったばかりのわずかな米を示しながら、「これを見て下さい。今大根を売った金で、お米を五升買いました。これで二三日はお米の心配がないと思えばこれ程嬉しいことはありませぬ。南無阿弥陀仏、南無阿弥陀仏」（同四頁）とだけ話したという。まさに「余計なこと」をいわない与市の姿こそ、金子の好む「生活に即する」念仏者像そのものではないか。記録された妙好人たちの一部は、金子の予想とは真逆に、「生活に即した」日々の中で、我が身の悲痛を省察し続け、そんな自分が救われていくみ教えをよろこんでいたのだ。

このように手次寺の住職が編集した刊本に見られる与市は、先に紹介した二つの逸話のように、他人からの催促によって、初めて重い口を開いているのだ。僧分の描きたい妙好人像は、やはり「寡黙な生活者」のイメージを強調しているように思う。他方、与市の近親者が記したと思われる写本『与市話記』（上妙寺蔵）には、自ら頂いたお念仏のよろこびを、身内の者に語ったことばが収録されている。[22] 妙好人は、決して寡黙に自己完結の信心だけをよろこんでいたのではない。妙好人の生活には、精一杯の他者への働きかけや社会的実践への方向性も秘められていたといえる。そうした社会性をこころよく思っていなかったのは、他ならぬ僧侶の側ではなかったか。そしてその立場こそ、金子の妙好人批判を生み出した考え方にも通じるといえよう。金子の妙好人嫌いの本音は、果たしてどこにあったのか。

金子に代表される大谷派の「近代教学」者たちには、潜在的に市井に生きる妙好人を低く見る傾向があるように感じられてならない。実際金子は、僧侶と在家者のあり方を峻別していた。「僧侶はたとえどれだけ経験があっても、体験があっても、あまりその経験や体験を語らないで、すべてを思想として教法の領解として発表すべき」で、在家者は「どれほどお聞きになりましても、聞いたことを、こうああとお話にならずに、だまって生活の方に現してほしい」（金子大栄随想集第六巻同七八頁）という。彼の中では、上から高邁な思想を教えるのが僧侶で、在家者はひたすらそれを黙って聞き続けよという構図が潜在的に貫徹していた。もとよりこの構造は、伝統説教者の多くも引きずっていたものであるけれども、金子の場合はそれを難解な近代的学問で理論武装していたといえようか。

さらに金子は、これまた讃岐の庄松(一七九九~一八七一)のような妙好人を「謀反人」「反逆者」と決めつける曽我量深(一八七五~一九七一)との対談の中で、「今あんな人(庄松・付直林)がいると困るね」と揶揄したともとれる、ひとことを発している。[23] 曽我や金子は、『妙好人伝』に特記されない「平凡なごくおとなしい沈黙している人」の中に真の妙好人がいると捉えているようだ。[24] しかし、妙好人の名が世に出るかどうかは、言動の突飛さによるよりも、それを記録流布する縁の有無にかかわるところが大きいのではないか。無名のまま消えていった同行たちの中にも、三河のお園(一七七七~一八五三)や庄松そしてお軽のような個性豊かな念仏者も、時代や地域の差異を越えて、数多くいたにちがいない。さらに、「向内的」な「おとなしい沈黙」する念仏者像からは、積極的な信心の社会性など芽吹くはずもない。弥陀の本願の喚び声に出会った人々は、多彩な機根や種々な縁にふれて、かつて金児暁嗣が看破したように、[25] 様々な性格を持つ妙好人へと育てられていくのである。金子大栄も最晩年に至り、妙好人の多様性に気づき、源左を常識人「理性的な人」と認めたという。だが金子の価値観は、あくまで「感情的な面」より「理性的な人」を好む近代的思惟にねざしていたのだ。親鸞のような「悲痛の姿がない」からという後付けの理屈を弄そうとも、彼らの妙好人嫌いの本音は、「在家のくせに悟ったようなことをいうな」という民衆蔑視であり、近代主義者にありがちな「上から目線の愚民観」に裏づけられていたと云わざるをえない。これこそ、節談を蔑視し続けた立ち位置そのものであるといえよう。そのような近代的エリート意識を持つ人々には、純朴であらゆる権威に束縛されず、しかも学問的価値とは一切無縁でありながら、それをいとも易々と凌駕する深遠な精神世界に生きた妙好人の存在など、到底評価できなかったのではないだろうか。その一方で、大谷大学が招いた世界的哲学者鈴木大拙（一八七一〜一九六六）による高い妙好人評価に当惑し、婉曲な批判をなしたのが、金子の発言の本心ではないだろうか。

最近大桑斉（一九三七〜二〇二〇）は、近代人（「東京的都会的知識人」）の真宗理解について、「親鸞は、知的思索的に近代人に迎えられましたから、あたかも知識人たちは真宗をよく知っているように思っています。（中略）近現代という時代が、そもそも真宗には敵対的です。近代を生み出したのは禁欲の論理、勤勉力行による人間形成と、その延長線上での世界の近代化という論理でした。しかし真宗は、現世は娑婆、つまり堪忍の世界であり、苦の世界として厭うことから、往生極楽を説きますから、近代的禁欲の倫理を否定するものなのです。[26]」と述べた。つまり、真宗の教えそのものが元来近代と相いれない点を鋭く見抜いている。明治以降、怒濤の如く押し寄せた西欧近代主義の価値観に晒されながら、何とか浄土真宗をそれに合致する形にリメイクしたいという当時の学僧たちの焦燥感は、痛いほど理解できる。だが、浄土真宗の総体を、近代的合理主義の鋳型に無理やりに容れ込もうとするあまり、そこからはみ出ざるを得ない「来世往生」という浄土教の根幹さえも、親鸞の著作を「科学的実証主義と矛盾せず「現在において、すべての問題を解決し終わらなければ満足しない」姿勢[27]から読みこむことによって、いともたやすく改変してしまう。同時に、実態としての民衆の中にしぶとく根を張ってきた妙好人の世界や、それを育んできた布教技法としての節談に対しては、「常識外れ」「時代遅れ」「芸能紛い」と上から目線で切りすてていく。大谷派「近代教学」には、こんな黙過しがたい欠陥があるのではないだろうか。

大谷派「近代教学」の祖と仰がれる清沢満之（一八六三〜一九〇三）は、三河の名刹西方寺に継嗣として入寺したが、「説教をすれば小難しくて面白くない。檀家の人たちには満之を毛嫌いするものが少なくなかった。法事に訪れた満之を門前払いで断ったものもあった。[28]」という。大多数の門徒たちの求めていたのは、難解な教学体系の「原液」ではなかったのだ。

一九六〇年代に真宗大谷派宗務総長を務めていた訓覇信雄（一九〇六～九八）は、「説教師の話に参詣が多いのは、腐った魚にハエが群がるようなものだ」との暴言を吐いた。まさに上から目線の大衆蔑視以外の何物でもない。当時宗議会議員の職にあった反骨の説教者祖父江省念（一九〇五～九六）は、「布教師の役割を蔑視する傾向がある」と、議会の場で宗務総長自身の考え方を質した。だが、訓覇は自ら答弁せず、きまじめな教学担当参務に「そういうことがあるとすれば、誠に申しわけない。今後総長によく話して、そういうことのないようにしたい。」と代弁させて、お茶を濁してしまった(29)という。このように、大谷派「近代教学」とそれを具現化した新しい信仰運動は、絵に描いた理念としての民衆を論じられても、実態としての民衆生活のそのものの中に根をはることはできなかったのではないだろうか。

いずれにしても、私は「草の根の布教技法」節談と、妙好人には不可分の関係性があると考えている。

七、むすび—節談の可能性

本章では、虎関師錬・丹羽文雄・金子大栄などの学者や知識人による節談や妙好人批判を手がかりとして、節談という伝道技法の特質の一端を論じてきた。

虎関のいう「身体技法」「節」「語り口調」「情感豊かな話のはこび」は、後に節談に結実する芸風説教の特質を、見事に射貫く論点であった。しかし、あらゆる事象が未分化の傾向にある前近代の社会にあっては「法芸一如」ととらえられ、学僧による軽蔑を受けながらも、芸風布教優勢の時代が続いたようである。

だが、こうした諸要素を「低俗」と批判する視点は、さまざまな領域で細分化が進む近代以降により増幅され、丹羽・訓覇などに連なっていく。たしかに布教技術が高度に鍛錬されていくと、往々にして卓越した個人芸に傾斜し、ご法義を取り次ぐという謙虚な伝道の基本姿勢を蔑ろにしてしまう危険性を内包していたといえる。近代に節談が排除されていく背景は、近代化至上主義の蔓延によるところが大きい。そこには、こうした節談自体の負の側面を嫌う、傾聴すべき主張も含まれていることを忘れてはならない。また、同時に、虎関の指摘する諸特質が相まったからこそ、聴衆の日暮の中にご法義を身体化させ、妙好人を輩出させたのだ。

長い間お念仏のみ教えを身体的に生活の中に薫習せしめてきた節談。一時は消えかけていたその伝統に、伝道技法のひとつとして光をあてるべく「節談説教研究会」が組織されて、およそ一三年。一方では「劇薬」になりかねない陥穽と向き合い続けながら、それを将来の伝道へと繋げていく可能性を模索してきた(30)。そうした方向性を指し示し暖かく見守ってくださったのが、節談説教研究会初代会長の浅井成海と、東保流の歴史を背負いつつ時代の変遷を哲学研究者ならではの炯眼で冷静に凝視し続けてきた現会長の神子上惠群であった。

浅薄な科学万能・ＡＩ社会の今こそ、情緒性の成熟が求められてくる。先人たちが布教伝道の長い歴史の中で構築してきた情念の布教法たる節談こそ、単なる理解や分別の次元を超越した宗教的真実が伝わっていく稀有なる布教法のひとつではないだろうか。

以下、本書では上述の特質の中で、「節」と「話のはこび（構成法）＝物語」に向き合う際の立ち位置・課題について言及し、節談が妙好人の「お育て」といかに係わったかを振り返ってみたい。それは、単なる布教テクニックの巧劣のみを問題にする技術論ではなく、伝道の精神や基本姿勢を問う「法」に連なる技法論の再構築にむけての営みの一助でなければならない。

註

（1）「『節談説教』像の再検討」（『人文学研究』第三号二〇一八年五頁）。（本書第一章）

（2）『説教の歴史的研究』（一九七三年・法蔵館刊）・『説教の歴史』（一九七八年・岩波書店刊）など。

（3）「節談説教の隆替」（『大法輪』二〇〇一年八月九月号）・「節談説教の変事」（『上方芸能』第一四二号二〇〇一年）・「唱導史異聞」（『東海学園言語・文学・文化』第一号二〇〇一年）・「中世以降における唱導の展開」（『仏教文学』第二七号二〇〇三年）。

（4）遠藤了義（一八七四〜一九四三）に関しては、直林「金乗寺」（『節談説教』第九号二〇一二年一八頁）で紹介した。

（5）池本史朗「神子上惠群代表とのご縁」（『節談説教』第一七号神子上惠群先生傘寿記念特集二〇一五年八頁）。

（6）『元亨釈書』巻二九音芸誌（藤田琢司編著『訓読元亨釈書上巻』二〇一一年・禅文化研究所刊六四三頁）。

（7）『元亨釈書』の史料的位置づけに関しては、直林『日本三学受容史研究』二〇一二年・永田文昌堂刊七〇頁参照）。

（8）静谷正雄『初期大乗仏教の成立過程』（一九七四年・百華苑刊一九頁）。

（9）小野真（真龍）「仏典における仏教―音楽的コンセプトと法会における現実化」『日本伝統音楽研究』二〇〇七年）、佐々木閑「比丘と伎楽」（『仏教史学研究』第三四巻第一号一九九一年二三頁）。

（10）『節談が伝える「御法義」』（本願寺仏教音楽・儀礼研究所シンポジウム二〇〇八年での発言

（11）直林『構築された仏教思想・妙好人』（二〇一九年・佼成出版社刊一三七頁）。

（12）『説教の歴史』註（2）二八頁。

（13）『日本語人の脳』（二〇一六年・言叢社刊一五頁）。

（14）高木雪雄『才市同行』（一九九一年・永田文昌堂刊二二頁）。

（15）大須賀順意著・府越義博訳『説教の秘訣』（二〇一一年・国書刊行会刊一一三頁）において「三分式」・「四部式」・「五段法」・「変則式」を紹介している。

（16）平川彰『初期大乗仏教の研究』（一九七三年・春秋社刊七二一頁）。

（17）「椿原流の説教資料」（『関山和夫博士喜寿記念論集『仏教・文学・芸能』（二〇〇六年・思文閣出版刊九七三頁）、後に直林『節談椿原流の説教者』（二〇〇七年・永田文昌堂刊一七一頁）に、「滋賀県余呉町常楽寺所蔵写本目録」として収録させていただいた。記し謝す。『名人木村徹量の継承者

神田唯憲の節談』(二〇一四年・節談説教研究会刊一〇六頁)。
(18)釈徹宗「節談の共振現象」(『節談説教』創刊号二〇〇八年四頁)。
(19)釈徹宗監修・多田修編訳『ブッダの小ばなし・超訳百喩経』(二〇一九年・法蔵館刊五頁)。
(20)「真宗の説教」(『大法輪』一九五六年)、後に寿丘文章編『柳宗悦　妙好人論集』(一九八一年・岩波書店刊八六頁)。
(21)『朝枝善照著作集』二・三巻(二〇一六年・永田文昌堂刊)。
(22)直林「節談とその信者像」(『浄土真宗総合研究』第六号二〇一一年九三頁)。(本書第七章)、同註(11)著書一四三頁。
(23)『曽我量深対談集』(一九七三年・彌生書房刊六九頁)。
(24)『親鸞との対話』(一九八二年・彌生書房刊九三頁)。
(25)『日本人の宗教性』(一九九七年・新曜社刊)。
(26)『江戸・真宗門徒の生と死』(二〇一九年・方丈堂出版刊五〜六頁)。
(27)内藤知康『親鸞の往生思想』(二〇一八年・法蔵館刊三五五頁)。
(28)藤田正勝・安富信哉「清沢満之の生涯と思想」(『清沢満之―その人と思想』・二〇〇二年法蔵館刊一三頁)。なお、大谷派の「近代教学」を批判的に検討しているのは、赤松徹真「近代日本思想史における精神主義の位相」(二葉憲香博士還暦記念改変『仏教史学論集』一九七七年永田文昌堂刊)、ジョアキンモンティロ「近代天皇制仏教批判・清沢満之の思想を中心に」(『天皇制仏教批判』一九九八年三一書房刊)、近藤俊太郎『天皇制国家と「精神主義」』(二〇一三年法蔵館刊)などの研究がある。
(29)祖父江省念『節談説教七十年』(一九八五年・晩聲社刊一六〇頁)。
(30)釈徹宗「現代に生きる節談説教を模索する」(『節談説教』第二号二〇〇八年四頁)。

【参考文献】

貴島信行「真宗伝道学の基礎的考察」（『真宗学』一三七・一三八号）二〇一八年、布教研究所編『布教法入門』（百華苑）一九六一年、『新「伝道読本」』（本願寺出版）一九九三年、髙山秀嗣『中世浄土教者の伝道とその特質』（永田文昌堂）二〇〇七年、関山和夫『説教の歴史的研究』（法蔵館）一九七三年、静谷正雄『初期大乗仏教の成立過程』（百華苑）一九七四年、小野真龍『雅楽のコスモロジー』（法蔵館）二〇一九年、藤田隆則「シンポジウム・節談が伝える御法義」（本願寺仏教音楽・儀礼研究所）二〇〇八年、角田忠信『日本語人の脳』（言叢社）二〇一六年、和田恭幸「東保流説教小考」（『龍谷大学仏教文化研究所紀要』五六号）二〇一八年、角岡賢一「節談説教の文化史的研究」（『龍大グローバル研究センター年報』二五号）二〇一六年、釈徹宗「節談の共振現象」（『節談説教』創刊号）二〇〇八年（同誌は現在二二号まで発刊継続中）、柳宗悦「真宗の説教」（『大法輪』二三巻）一九五六年、吾勝常行「妙好人輩出の宗教社会的機能」（『真宗学』一二三・一二四号）二〇一一年、朝枝善照著作集第二巻・第三巻・第五巻（永田文昌堂）二〇一六・二〇一一年、金子大栄『私の人生観・金子大栄随想集第六巻』（雄渾社）一九七三年、『曽我量深対談集』（彌生書房）一九七三年、河村義雄『是人名分陀利華』（百華苑）一九四二年、金児暁嗣『日本人の宗教性・オカゲとタタリの社会学』（新曜社）一九九七年、大桑斉『江戸・真宗門徒の生と死』（方丈堂出版）二〇一九年、内藤知康『親鸞の往生思想』（法蔵館）二〇一八年、三木悟『「現世往生」という迷い』（中外日報社）二〇一九年、直林『節談椿原流の説教者・野世溪真了和上芳躅』（永田文昌堂）二〇〇七年、「『元亨釈書』の史料的考察」（『日本三学受容史研究』・永田文昌堂二〇一二年、『名人木村徹量の継承者・神田唯憲の節談』（節談説教研究会）二〇一四年、「『日本霊異記』の仏教伝道史的考察」（『奈良平安時代「知」の相関』（岩田書院）二〇一五年、「『節談説教』像の再検討」（『人文学研究』三号）二〇一八年、『妙好人・日暮の中にほとばしる真実』（佼成出版社）二〇一九年

【付記】本章は、二〇一九（令和元）年一一月二一日、龍谷大学大宮学舎で開催された大学院実践真宗学研究科主催のシンポジウム「伝道を考える―これまで・そしてこれから―」における「提言・これまでの伝道を捉えなおす」の要旨に基づく内容である。当日は持ち時間が限られていたため、言い足りなかった部分を大幅に加筆している。当日お世話になった鍋島直樹研究科長、那須英勝副科長、貴島信行・葛野洋明両教授、金澤豊助手、朝倉行宣師、杉本光昭師、伝道の大切さと現状に対する危機感を共有する実践真宗学科大学院生各位、特に司会の小野優菜さん、質問に立ってくださった小西益子さん・小島かるなさん・中村由人さん・三神龍堂さんに感謝の意を表したい。

第四章　七五調と節の源流——親鸞の和讃の特色に学ぶ

一、はじめに

節談という布教技法の特色は、豊かな物語を含む独自の話の組み立てとともに、節のかかった七五調の語りにあるといえよう。もとより、韻文と節づけは不可分の関係にあり、その源流は、釈迦の説法を形式や内容で分類した「九分教」中の「祇夜」・「伽陀」にまで遡るのだ。

釈迦の説法を文体の形式から眺めてみると、散文で説かれる「長行」と韻文の形をとる「偈頌」に、大きく分類できる。さらに、「偈頌」には、前に散文がなく韻文のみの教説である「弧起偈」（gāthā）と、「長行」で述べられた後にもう一度散文の内容を説く「重頌偈」（geya）があるという。「九分教」では、前者を「祇夜」（「応頌」「重頌」）と呼び、後者を「伽陀」（「偈」「諷誦」）と称するのだ。さらに、韻文経典は、散文より早く成立したとされている。

一般に、仏説において韻文が用いられた理由としては、暗誦に適していたためであるとされることが多い。文字を持たない当時のインドにあっては、耳から聞いた説法を、幾度となく繰り返し声に出して唱えていくことによって、それを暗記してしまい、釈迦のことばの響きまでが全身全霊に染みわたっていく。そのためには、定まった音節を繰り返す韻文の方が、声に出して唱えやすく、また簡単に記憶できたのではあるまいか。そして、韻文には、必ずといっていいほどに、旋律・節をともなうのである。韻文と節は、仏教の歴史とともに古いものなのである。それゆえ、節を排除した説法など、ありえない。

やがて、より多くの在家者の救済を説く大乗仏教が興起していく。その起源に関しては諸説あるけれども、後の大乗につながる仏塔崇拝の場において、「唄匿」(bhāṇaka・バーナカ)と呼ばれる音楽性豊かな半僧半俗の伝道者が活躍した痕跡がある。この唄匿が、最初の大乗宣言者とされる「法師」(dharmabhāṇaka・ダルマバーナカ)へ移行したと考えると、[1]在家者を対象とする布教の場では、音楽性や芸能性がより強く要求されたといえるであろう。そして、節のかかりやすい韻文を散りばめた説法は、様々な時代や宗派において、幅広く行われてきたといえる。これこそが、「法芸一如」の世界であった。

だが、節のかかった説教は、近代以降「芸能まがいだ」と、厳しく指弾されていく。かといって節そのものを排斥するならば、そうした韻文・抑揚の悠久の歴史までも葬り去ることになってしまう。一方、韻文と節は、その使い方を誤ると、過度の芸能的表出のみがクローズアップされ、ご法義を伝えるという布教の真面目が、かすんでしまいがちになるのではないだろうか。やはり、節に向かい合う際には、一定のリミッターが求められるといえよう。

かつて関山和夫は、浄土真宗において節談という情念に訴える布教技法が花開いた背景の一つとして、親鸞が数多くの和讃を制作した影響が大きいと述べている。(2) 確かに、節談の讃題には和讃を引くことが多く、(3) 話の途中でも教えに帰る（合法）典拠として和讃のことばを巧みに導入する例も少なくない。さらには、結びにあたるセリ弁の中にも、和讃の一節が散りばめられている。

したがって、親鸞の和讃は、どのような特色を持っているのか。親鸞は、いかなる先例を踏まえて和讃を撰述したのであろうか。改めて整理しておきたい。つまり、和讃を通じて、親鸞の芸能と向き合う姿勢を窺い知ることが、本章の課題である。

二、源流は法文歌か訓伽陀か？

日本史上において、親鸞ほど、数多くの和讃をのこした人物はいない。そして、親鸞の和讃は、極めてユニークな形式をもっている。(4) 七五調の句を四つ連ねて独立した一首となし、それを何首かまとめて一貫したテーマを説く。四句一連の和讃が切れながら続いていくこの姿は、浄土真宗の流れをくむ者にとって日々慣れ親しんだ形式であるけれども、和讃史のうえではあまり前例がないようだ。

親鸞の和讃の先蹤に関しては、今様を集めた『梁塵秘抄』の中にある「法文歌」に求める見解が示され、通説化している。(5) しかし、一部には、平安中期以降の法会の儀礼として伝承されてきた今様調「訓伽陀」が源流であるとする立場もある。(6) いずれも四句一連の形式をもつ。たしかに、「法文歌」と「訓伽陀」を、広い意味で今様という範疇でとらえた場合、その違いはさほど重要ではない。しかし、「訓伽陀」はあくまでも法会の儀礼として使用された謡物であり、一方、「法文歌」には法要という場から逸脱した自立性がみられ、「持経者・聖・沙弥・巫女や遊女などを媒介として伝播した」新しい芸能性が想定できる。そうなると、両者の違いは決して無視できない。

そこで、あらためて今様の成り立ちとその特質、さらには「訓伽陀」や「教化」とのつながりをたどり、それらが親鸞の和讃とどのような関係にあるのかを考えてみよう。

三、今様の成り立ち

元来、今様とは、「当世風」を意味する普通名詞であった。やがて、平安時代後期以後に流行した自由で華やかな今めかしい歌謡をさして、それ以前からの神楽歌・催馬楽・風俗などと区別するために、今様歌と称するようになり、やがて今様といえば、ただちに平安後期以降の今様歌をさすことばとなった。

今様ということばがみられる文献は、『紫式部日記』一〇〇八（寛弘五）年八月条に「いまやう歌」、一〇〇九（同六）年三月条の「今様歌」をもって嚆矢とする。また、ほぼ同時期に完成したとされる『枕草子』には、「歌は、風俗、中にも杉立てる門。神楽歌もをかし。今様歌は長くてくせづいたり」との記述がある。

今様が成立した背景としては、地方の神歌や仏教の声明・和讃などが本来の宗教性を離れ、芸能的な場でうたわれるようになったことが大きい、とされる。今様は、その名が示すように、宗教から発生した華やかな新興芸能だったのだ。そこには、古代から中世への時代の転換期の中で、幅広く活躍し始めた傀儡、遊女などと呼ばれる女性たちの存在があるという。

その後の貴族の日記である『中右記』『台記』を繙くと、白河・堀河・鳥羽・崇徳各朝（一一世紀後半〜一二世紀前半頃）の宮廷において、今様が盛んに行われた様子が伝えられている。そんな今様を熱烈に愛好し、歌詞の集大成である『梁塵秘抄』を編んだのが、後白河法皇（一一二七〜九二）であった。

四、法文歌の形式と配列

治承年間（一一七七〜八二）に成立したとされる『梁塵秘抄』の原型は、全二〇巻であった。その中で、巻一の断簡・巻二・口伝集巻一断簡・巻一〇の四巻のみが、現存しているにすぎない。だが、その部分だけでも、当時に最盛期を迎えていたであろう今様五六〇首が収められているのだ。これらは、「長歌・古柳・（狭義の）今様・法文歌・四句神歌・二句神歌」の六種に分類できるという。その中でも特に、仏教讃歌としての「法文歌」が注目される。それは、親鸞の和讃と同様、四句一連で構成されているからだ。

四句一連の構成で知られる「法文歌」だが、中にはそれまでの長編の和讃から四句だけを切り出したものもある。室町期の楽書『體源鈔』にも「今様は四句也」とあるほど、この形式は広く定着していった。

次に、『梁塵秘抄』の今様五六〇首のうち、「法文歌」二二〇首の配列をみてみると、次のような順序が採用されている。

仏歌二四首

花厳経一首・阿含経二首・方等経二首・般若経三首・無量義経一首・普賢経一首・法花経二八品一一五首・懺法歌一首・涅槃歌三首・極楽歌六首

僧歌一〇首

雑文歌五〇首

これは、まず全体を「仏／法／僧」の三宝に大別し、さらに法歌の部分を天台宗の教相判釈である「五時八教」説になぞらえて配置しているようである。ただし、法歌の最後が「極楽歌」に収斂されていくのは、浄土信仰の影響とみてまちがいない。

極楽浄土は一所　つとめなければ程遠し
我等が心の愚にて　近きを遠しと思ふなり
（極楽歌一七五）

このような教学的裏づけの背後には、『梁塵秘抄』の編集に関わった天台寺門系の「頭脳集団」の介在を想定する見解もある。

やがて、鎌倉時代になり社会の安定期に入ると、過渡期の新しい芸能を求めつづけたエネルギーは次第に薄れていき、今様は衰退の道をたどっていく。そして歌詞の固定化された宮廷芸能や各地の祭礼などに、わずかに伝承されるのみとなってしまった。

しかし、その一方で、七五調四句の曲調は、日本人の感性の中に生きつづけ、「越天楽」や「筑前今様黒田節」、さらには明治の小学校唱歌にも影響を及ぼしていくのだ。

五、訓伽陀と教化

ところで、「法文歌」と同じ四句一連の構成をもち、法文歌にも採り入れられながら、歌謡史において独自な地歩を占めるのが、「訓伽陀」と「教化」である。両者は、あくまで法会の儀礼として使用された謡物であった。

「訓伽陀」とは、和文の「伽陀」をいう。本来独立した韻文に節をつけて唱える「伽陀」は、インド以来の「九分教」に淵源する。伝来以降の日本仏教では、漢文をそのまま用いることが多い。しかし、「神楽歌、催馬楽、風俗、今様」と、和文の歌謡が広まる時代背景の中で、法要においても、古代末から中世にかけて、漢文の書きくだしではなく、和語で作られた「伽陀」を唱えるようになっていった。「訓伽陀」には、今様調七五調四句一連のものを基本としながらも、朗詠体のもの、和歌体のものもあるという。

極楽浄土ノ東門ハ　難波ノ海ニソムカヰタル
転法輪処ノ西門ニ　念仏スルヒトマヰレトテ

これは、法隆寺所用の「訓伽陀」として知られている一首であるが、『梁塵秘抄』「法文歌」にそのまま採用されている。だが、あくまで宗教儀礼の領域を出ない「訓伽陀」においては、経典の所説にもとづく歌謡化が重視され、作者の感情表現は「法文歌」に比べてかなり抑えられているようである。

また、「教化」とは、法要の中で導師が独吟で唱える、仏徳や高僧の徳を讃え、法会開催の主旨を述べる韻文のことである。漢文・和語の双方が用いられているけれども、やはり四句の基本構成を踏襲する。一般に四句のみのものを「片句」、四句が二つ連なる形式を「諸句」と呼ぶ。

極楽程遙ニシテ　雖隔十万億土
念仏三昧水澄メリ　弥陀ノ月影ヲ浮ブベキ者也ケリ
安養遠シト雖モ　去此不遠ト説キヌレバ
月蓋ガ旧儀ニ准ヘテ　無量ノ光リヲ顕シタマフベキ者也ケリ

これは、高倉天皇（一一六一～八一）の母である建春門院（一一四二～七六）御念仏結願の

「教化」であり、この時期の「教化」としては貴重な原本の存在している事例として知られている。各四句目がいささか規矩に合わないが、七五調の四句を基本にしていることが理解できるといえよう。

「教化」は、主として顕密諸宗の法会で依用されてきた。後に本願寺派の勤式作法でも、天台声明の導入に伴って「教化」が詠唱されるようになり、寂如（一六五一〜一七二五）の頃から昭和初期まで『報恩講式』や和讃を転用した教化が用いられていたという。[7]

このように、今様の集大成『梁塵秘抄』「法文歌」のほかに、同時代、平安末期の法会の歌謡の中には、「訓伽陀」、「教化」といった宗教歌謡本来の姿を色濃くのこしている四句一連の讃歌が存在していた点も忘れてはならない。

したがって、それら「訓伽陀」、「教化」を親鸞の和讃の先例として論じるのも、またゆえなきことではない。だが、先にも述べたように、実際に「訓伽陀」が「法文歌」に採録されているわけであり、近代人の感覚である宗教と芸能を分化した視点から両者の異質性のみを際立たせるのは、必ずしも実態に迫りうる議論ではないと思う。

それゆえ、こうした今様の歴史を踏まえたうえで、親鸞が「法文歌」と「訓伽陀」、「教化」から、どのような影響を受けたのかについて、若干推測してみたい。

六、和讃と法文歌の異同

ここに紹介した今までの研究に学ぶとき、親鸞の和讃と『梁塵秘抄』「法文歌」の間には、たしかに否定しがたい共通性を認めるべきであろう。先述の四句一連の基本構造はいうまでもないが、法文歌の「仏／法／僧」の三宝にかける配列が、親鸞の三帖和讃の構成（「仏」＝「讃阿弥陀仏偈和讃」／「法」＝『浄土和讃』／「僧」＝『高僧和讃』）と相通じるのもほぼ間違いないようである。さらに「法文歌」仏歌一の

釈迦の正覚成ることは　この度初めと思ひしに
五百塵点劫よりも　彼方に仏とみえたまふ

が、『浄土和讃』大経意五の

弥陀成仏のこのかたは　いまに十劫とときたれど
塵点久遠劫よりも　ひさしき仏とみえたまふ
（『註釈版』五六六頁）

と類似し、また「法文歌」の雑文歌二一〇にある

生死の大海辺なし　仏性真如岸遠し

妙法蓮華は船筏　来世の衆生渡すべし

と、『高僧和讃』龍樹菩薩七の

生死の苦海ほとりなし　ひさしくしづめるわれらをば
弥陀弘誓のふねのみぞ　のせてかならずわたしける
（『註釈版』五七九頁）

がよく似ているとされる。

よって、今様「法文歌」を親鸞の和讃の先例と考える通説には、かなりの説得力があるのはやはりまちがいない。

しかし、その一方で、「法文歌」と親鸞の和讃には、容易に看過しがたいような重大な差異が窺えるのだ。第一に、芸能性の濃い「法文歌」には、

弥陀の御顔は秋の月　青蓮の眼は夏の池
四十の歯ぐきは冬の雪　三十二相は春の花
（仏歌二八）

のような季節の移ろいや、美しい花鳥風月の描写が見うけられる。さらに、

龍樹菩薩はあはれなり　南天竺の鉄塔を

扉を開きて秘密教を　金剛薩埵に受けたまふ
（仏歌四二）

にある「あはれなり」のような細やかな喜怒哀楽の感情表現が頻出する。その一方で親鸞の三帖和讃においてこうした抒情性が、ほとんど見られないのではなかろうか。

高田本山所蔵の親鸞真蹟の中に「数名目　十悪」と呼ばれる、十悪を列記した一紙がある（増補親鸞聖人真蹟集成第九巻三四八頁）。親鸞は、十悪の中で唯一「綺語」にだけ「ウタヲヨミイロヘコトバヲイフ」と左訓をつけている。また今日、親鸞制作の和歌と称するものが数多く伝えられているが、真作と特定できるものは何一つないという。あるいは親鸞は、美辞麗句を連ね美しい自然現象の推移や、細やかな感情のひだを歌いあげる和歌の世界に対して、かなりの違和感を覚えていたのかもしれない。そのため、「法文歌」に顕著な抒情性は、和讃に継受されなかったのであろう。ここには、親鸞による一定の矜持があったのではないだろうか。

第二に、法文歌に比べ親鸞の和讃では、出拠となる経・論・釈の文を重要視している点に気づく。『浄土和讃』の、

信心歓喜慶所聞　乃曁一念至心者
南無不可思議光仏　頭面に礼したてまつれ

（『註釈版』五六四頁）

のように、四分の三句が漢語そのままという一首さえある。また三帖和讃全体の中で、一句漢語のものは、二四例に及ぶという。これは「法文歌」の五例に比して、突出した数値ではないだろうか。やはり、親鸞の和讃からは、総じて堅いという印象を受けるといえよう。

七、和讃のリズムと響き

親鸞がこれほどまでに原典にこだわったのは、何といっても仏説や先師のことばを尊重したからにほかならない。『教行信証』総序にある「聞くところを慶び、獲るところを嘆ずるなり」（『註釈版』一三二頁）という自分勝手な解釈を誡める基本姿勢は、和讃のうえにも貫徹していたのだ。[8] かつて法然の専修念仏教団は、「私に一宗と号する」（興福寺奏状）との非難を受けて弾圧を被った。あくまで原典を離れない親鸞の立場成立の一因には、こうした経験が影響しているのかもしれない。[9]

一般に親鸞の和讃は、国宝本「現世利益和讃」の左訓に「ヤハラゲホメ」とあることを踏まえ、民衆に教えをわかりやすく説くためのものである、と位置づけられてきた。しかし、私は、多屋頼俊の和讃史の薫陶を受け、後に説教研究に独自の世界を拓いた関山和夫から、「親鸞聖人の和讃はむつかしい教義をかみくだいてわかりやすくするために作られたのではない。声に出して唱えるためのものだ」というお話を幾度となく拝聴した思い出がある。親鸞は、経・論・釈の内容をかみくだいて解りやすくすることよりも、原典の響きやリズムそのままに口ずさむことを大切にして和讃を制作していったのであろう。和讃を抑揚豊かに声に出して幾度となく唱えていくうちに、難解な教義は単に頭で理解する次元においてではなく、五臓六腑に染みわたって行き、身体化できるといえよう。

こうした和讃の「堅さ」は、一面において宗教儀礼の中で伝承されてきた「訓伽陀」や「教化」に通じるともいえようか。

八、和讃に見られる親鸞の立ち位置

以上のように、四句一連の和讃の源流をたずねて今様の歩みをたどり、親鸞の和讃との関連を窺ってきた。

親鸞は、当時流行し、多くの人々に口ずさまれていたであろう今様から、四句一連の形式、仏法僧の三宝にかけての全体配置など、多くのことを学んだと考えられる。そこからは、つねに時代の最先端の感性にも敏感でありつづけた親鸞の姿を思い浮かべることができる。

しかし、和讃には、芸能としての今様の生命線であったはずの自由奔放な描写や豊かな抒情性を看取できない。あくまで聖教のご文の典拠とことばの響きを重視して、和讃は作られていたのだ。親鸞は、時代の感性に寄り添いながらも、決して喜怒哀楽の芸能の中に埋没していなかった。

このような親鸞の立ち位置は、浄土真宗布教の将来像を模索するとき、重く受け止めなければならない課題のひとつであろう。時代の推移や最新の感性、さらには多くの人々の情念の世界に寄り添いつつも、あくまで仏祖のことばの響きやリズムを大切にしていた親鸞。関山のいうように、こうした親鸞の和讃制作の姿勢を継承して、後の時代に節談は誕生したといえよう。しかし、聴聞者の「わかりやすさ」や感情に迎合する受け狙いに走るとき、それは布教の域を逸脱してしまうのではないか。私たちは、親鸞の和讃の「堅さ」も、決して忘れてはならないのだ。

註

（1）静谷正雄『初期大乗仏教の成立過程』（一九七四年・百華苑刊二一〇頁）。
（2）『説教の歴史的研究』（一九七二年・法蔵館刊一二八・三七九頁）。
（3）神子上恵龍編『福専寺説教集』（一九五八年・百華苑刊）に収められている五篇の中で、四篇（「浄土和讃二首説教」「龍樹章説教」「帖外和讃説教」「善導和讃説教」）が和讃を讃題としている。また、結城清寿編『椿原真福寺七題説教』（一九〇四年・顕道書院刊）の中でも、三篇（「善導章讃題」「浄土和讃九首讃題」「若不生者章讃題」）が和讃を引く。
（4）多屋頼俊『和讃史概説』（一九三三年・法蔵館刊）。
（5）註（4）八七頁及び武石彰夫『和讃・仏教のポエジー』（一九八六年・法蔵館刊）。
（6）鈴木治子「今様体和讃の発生・親鸞の和讃と先行歌謡との関わり」（『国文学試論』一一号・一九八六年一七頁）。
（7）小野功龍の教示による。
（8）伊藤博之「親鸞の和讃・格調高き仏教歌謡」（『国文学・解釈と鑑賞』第五五巻第五号・一九八六年一一六頁）。
（9）山折哲雄「親鸞和讃と今様歌謡」（『中央公論』第一二一巻第二号・二〇〇六年三三三頁）。

【参考文献】

多屋頼俊『和讃史概説』（一九三三年・法蔵館刊）、関山和夫『説教の歴史的研究』（一九七二年・法蔵館刊）、静谷正雄『初期大乗仏教の成立過程』（一九七四年・百華苑刊）、武石彰夫『和讃・仏教のポエジー』（一九八六年・法蔵館刊）、鈴木治子「今様体和讃の発生・親鸞の和讃と先行歌謡との関わり」（『国文学試論』一一号・一九八六年）、伊藤博之「親鸞の和讃・格調高き仏教歌謡」（『国文学・解釈と鑑賞』第五五巻第五号・一九九〇年）、山折哲雄「親鸞和讃と今様歌謡」（『中央公論』二〇〇六年二月号）、沖本幸子『今様の時代―変容する宮廷芸能』（二〇〇六年・東京大学出版会）、四方田犬彦『親鸞への接近』（二〇一八年・工作舎）

第五章　物語の復権とその課題

一、はじめに

布教技法としての節談の特質について、本書第二章では「身体性の高さ」「節」「語り口調」「豊かな物語の存在」を指摘した。しかし近代以降、「芸能まがいだ」と批判された「節」とともに、情感豊かな物語を用いた説教も、「なみだもの語り」といったレッテルを貼られ否定されてきたのだ。しかし、果たしてあらゆる物語を排除したところに、感動を呼ぶお取次ぎが成立しうるのだろうか。本章では、先人たちが感動的な物語をいかに大切に守り伝えてきたのかを、説法の歴史を辿りながら見直していきたい。それと同時に、布教の中で物語を活かしていく際の課題も、また浮き彫りにしていきたいと思う。

二、節談の構成法

江戸時代後期浄土真宗で成立した、大衆の感性に訴える情念の布教技法としての節談。その文化史的価値に最初に着目し学術研究の先鞭をつけたのが、関山和夫である。節談の特色について関山は、「七五調」「美声」「節回し」さらに独自の「型の伝承」などの項目を列挙された。関山説によれば、説教の型は大勢の聴衆に対して呼びかけるように、しかも諄々と話して感銘を与える「呼ばわり説教」と、物語や譬えを中心とする通俗的な「因縁譬喩説教」に大別でき、主に後者に関して安居院流伝持の「説教五段法」の固定化が見られる[1]という。

「五段法」とは、

「讃題」（一席のテーマとなる経論釈や祖師法語の一節を最初に読みあげる。「讃嘆の本義」という意味。）

「法説」（讃題の内容について典拠をあげ教義的に解説する。）

「譬喩」（むつかしい教えを身近なわかりやすい事例に置き換えて説明する。）

「因縁」（讃題が人間の中に展開した姿を指し示す物語。）

「結勧」（讃題の主旨にかえって一席の要諦を七五調で弁じあげる。）

という五科に区分された唱導の構成である。関山は、「五段法」の成立時期を近世初期とする。[2]

「はじめ（讃題・法説）しんみり、中（譬喩・因縁）おかしく、終（結勧）尊く」

「讃題について（法説）、はなれて（譬喩・因縁）、またついて（合法）、花の盛りにおく

（結勧）が一番」

という二つの著名な格言には、「五段法」唱導の眼目が遺憾なく示されているといえよう。

つまり、「五段法」の中では、「讃題」から「結勧」まで一貫した教義の基軸が貫徹していた。だが、そこで説かんとする教えをわかりやすく伝えるための「譬喩」や、感動的な物語としての「因縁」の占める比重はことのほか大きい。殊に喜怒哀楽の感性に働きかける「因縁」こそ、節談の山場とされてきた。(3)

大須賀順意（一八五三〜一九一九）によれば、この「五段法」の他に、「三分式」・「四部式」などの節談の構成法もあったという。(4)「三分式」とは、本来経典の科段に用いられる「序分・正宗分・流通分」に由来する構成法で、複雑な「譬喩・因縁」を省いた「法説」（「正宗分」）を中心とした初心者むけのものである。つまり、不慣れな者がいきなり衆目の関心を惹くために「譬喩・因縁」を用いると、説こうとする「讃題」の主意がぼやけてしまう。それゆえ、あくまで「讃題」を的確に説きつくし、法義の要を他者に伝えることを重視しているのだ。大勢の入門者を受け入れた東保流獲麟寮において、この「三分式」を基本とした伝授を行っていたのも、理に適う指導法であったといえよう。

「四部式」は、「三分式」の「正宗分」を「主」と「事（補）」に分けた、次の段階における構成法である。すなわち、「事（補）」とは、事情や事実のことで、「法説」を補うための「譬喩・因縁」をさす。しかし、ここでは「譬喩・因縁」のどちらか一つを使用するにとどまっている。大須賀は、「譬喩」を用いる主なる理由について、「法説をいっそう明確にするため」「法説の難解なところを容易に理解させるため」の二つがあるという。やはり「譬喩」は、あくまで理解させるための手法であった。それに対し、「因縁」の主なる効果は、「法説だけでは無味乾燥なので、これをもって感興を与えるため」であったとする。「因縁」は、知的理解のためではなく、聴聞者に感動を喚起させるためのツールであったといえよう。やはり「譬喩」と「因縁」では、その目的や効果が異なっていたのだ。大須賀によれば、こうした「三分式」から「四部式」への習熟練磨を経た者のみが、「譬喩・因縁」双方の完備した「五段法」に到達できるという。

こうした大須賀の見解を踏まえると、節談に限らず説教の要諦は「讃題」の主旨を説く「法説」にあり、わかりやすい「譬喩」や感動的な物語「因縁」は、あくまでそれを補佐するための手立てに過ぎなかったと考えられる。そして「法説」を十分に弁ずることができる段階において、初めて「譬喩・因縁」を使用すべきだとの、一種の物語へのリミッターをかけているといえようか。こうした厳しい指摘の背景には、大須賀が『説教の秘訣』を刊行した一九一〇

（明治四十三）年当時においても、法義を取り次ぐという布教の原点を忘れ、喜怒哀楽の受け狙いのみに走りがちな一部の説教界の風潮があったのではないだろうか。布教における物語の使用は、その劇的効能ゆえに、重大な危険性をも秘めていたのだ。

先年不思議なご縁で拝聴した、昭和初期の名説教者の一人神田唯憲晩年の説教の録音（一九五五年一月一六日・兵庫県本徳寺での一座二席）の中に、ある老女の寺参りの因縁話がある。篤信な夫に催促され、やむなく一人で初めて、五日間の「ご法座」に参詣した老女。留守番する夫から再々「お説教のみやげ話を聞かしてくれ」とせがまれる。しかし何ひとつ覚えずに帰った彼女に、夫はついに愛想をつかしてしまう。老女は一人仏壇の前で「夫にまでも見離されるような私を、見捨ててくださらぬ親様は、お阿弥陀様ばかりでございます……」と涙にむせぶ。その声を聞くなり夫は、「みやげ・みやげというたのは、ご文の講釈や、因縁やお譬えを、覚えて帰れというたのじゃない。あのお阿弥陀様は、どーしても見捨ててくださらぬ親様、その味わいさえ聞かせてもらえたならば、これこそがお浄土まで持っていかれる大みやげ。」とともに喜んだ、という。

この物語は、神田がかつて随行した、大説教者として名高い木村徹量の説教の台本である『信疑決判』第二九席（一九二三年大八木興文堂刊・五一五頁）に基づいている。神田の『布教日誌』(奈良県五條市光圓寺蔵)を繙くと、彼は一生涯にわたり各会場での最後の説教において、この物語を数多く用いてきた。今、「ご法座」の最後に臨み、それまで何席にもわたり華麗な「譬喩」や「因縁」を駆使して弁じてきたけれども、それらはすべて、「ご法義の要」を聴聞のお同行へ向けて、知的合理的理解の次元ではなく、胸の奥深いところにまでしみこませるための手段にしか過ぎない。あくまで大切なのは、浄土真宗の「ご安心」だ、と力説し続けている。(5)

節談が、どれほど芸能的な技巧や豊かな物語を用いたとしても、それは私達の感性の中にお念仏のみ教えをより深く熏習する「手だて」でしかないのだ。聴聞する我々はつねに物語の奥にある「ご法義の要」を忘れてはならない。

先人たちは、そうした物語を、どのように布教に取り入れてきたのか。節談の特質の一つと考えられる物語性の高い布教の歴史について、若干の点描を試みたい。

三、十二部経から三周説法

関山も明らかにされたように、浄土真宗説教の「五段法」の淵源を尋ねると、天台宗の「三周説法」、さらには仏典の形式・内容による分類としての「九分教」「十二部経」にまで遡求できるようである。

「十二部経」とは、「1修多羅（sūtra/契経）・2祇夜（geya/応頌）・3和加羅那（vyākaraṇa/受記）・4伽陀（gāthā/諷頌）・5優陀那（udāna/自説）・6尼陀那（nidāna/因縁）・7育多伽（ityuktaka/本事）・8闍多加（jātaka/本生）・9毘富羅（vaipura/方広）・10阿浮陀達磨（adbhutadharma/未曾有）・11阿波陀那（avadāna/譬喩）・12憂波提舍（upadeśa/論議）」の十二支であり、この中で「尼陀那（因縁）」・「阿波陀那（譬喩）」・「憂波提舍（論議）」を除き「九分教」と呼ぶことが多い。

そして、「十二部経」の中では、「祇夜」と「伽陀」が説法の節付けと関係し、「因縁」・「譬喩」こそ「五段法」構成に直結する内容である。

「因縁」の本来の意味としては、「請に因りて説き、犯に因りて戒を制し、事に因りて法を説く」（『大乗法苑義林章』）とあるように、説法や制戒の背景となった具体的な人間の物語をさし、感性の世界にねざす。それに対し「譬喩」とは、「事を明了にするを以ての故に譬喩を説く」（『大智度論』）というようなわかりやすいたとえ話のことであり、あくまで知的理解の次元に属する。

平川彰は、大乗仏教の成立を問うために、「九分教」から「十二部経」への増幅の様相を分析された。平川によれば、「十二部経」への増支に際して、特に「因縁」が強い契機となった、という。(6) 今後各部派の伝承の差異を詳しく分析する必要があるけれども、より大多数の人々に説法をしようとする場合、「因縁」の持つ情緒性や物語性が希求されたといえよう。やはり生活者である在家者への唱導に際しては、物語の持つパワーは大きかったのである。

大乗仏典の典型の一つとされる『法華経』の前半部迹門正宗分の解釈として成立したのが、「三周説法」である。それは、方便品から譬喩品前半を「上根人」のための「法説周」、譬喩品後半から授記品までを「中根人」にむけた「譬喩周」、化城品より人記品を「下根人」に説く「因縁周」と位置づけるように、人の機根の差異に対応した説教法であった。「因縁」という豊かな物語を説くことこそ、仏縁薄い人々への有効な布教技法とされたのだ。

「三周説法」は、中国・日本において広く知られていき、やがて叡岳に学んだ澄憲・聖覚父子によって確立された安居院流唱導を通じて、浄土門の布教、特に真宗説教に影響を及ぼすに至ったわけである。

このようにして「十二部経」に「因縁」として示された人間ドラマを語る布教の伝統は、連綿と続き真宗の「五段法」の中に盛り込まれ、説教の山場を演出する効果を担ってきた。

情念に訴える物語の布教史上の意義は、決して小さくない。そして、豊潤な物語を喪失してしまった説教では、もはや人々の「共振」[7]を喚起しえないのではないだろうか。

四、むすび

しかし、近代以降の布教は、この物語としての「因縁」から距離を置くに至った。その理由は、実証を重んじる歴史学の進展による物語の内容の史実性への疑問、近代思潮と齟齬をきたす荒唐無稽な伝承への批判もさることながら、やはり「因縁」の物語に、単純な「因果応報説」や三世に「業」の連鎖を説く「宿業観」などが内在するからだ。これらの教説は、釈迦のめざした人間平等の原義に背を向け、現実社会の中で差別を惹起せしめそれを温存・助長してきた教団の歴史的所産に他ならない。[8]

日本仏教の唱導の原点として捉えられてきた『霊異記』を繙くと、編者の景戒（生没年不明）が極めてドラマチックな終盤の演出を目論んでいる点など、豊かな物語性を看取できる。しかしその一方で、「因縁」の物語が孕むあらゆる負の遺産も、窺える。そして残念ながら、私たちは未だに『霊異記』的布教の残滓を引き継いでいるといわざるをえない。そうした悪しき「因縁」譚の丹念な検討と自覚的克服への歩みなくしては、物語の復権はありえない。

節談説教研究会の初代会長に就任した浅井成海は、「因縁」の物語に向きあう姿勢について次のようにいう。情念の布教といわれる節談の基本は、単なる知識ではない。情念の奥底に流れる、如来の「智慧と慈悲のお心をどれだけ汲み出して」、それをいかにお伝えしていくかが肝腎ではないか。すなわち、すべての命のうえに及ぶ如来の智慧と慈悲に反するような布教は、断じて許されない。そのためには、まず不用意に使ってしまった用語や物語の背後に、痛みや悲しみがあることを不断に学び続けなければならない。特に差別の温床であり続けた「善いことをしたから楽な結果を受け、悪いことをしたから苦しみを受けているのだ」と考える単純な「一因一果」説を乗り越える必要がある。つまり、因・縁・果の関係性は、「網の目のような原因と条件がそこに関わってやってきて、そしてその結果というものがある」ように、多くの原因・条件とのつながりを見ていくべきである。そのうえで、「宿業」を語る場合でも、それを他者への押し付けに用いてはならない。「自分の宿業の網の目のような原因と条件の関わり合いがあって、自分がここに置かれている」と、あくまで私の問題、「私という人間存在の深さ、あるいは人間そのものの存在の深さ」の観点から捉えるものである[9]。このような死の二年前の浅井の広範な提言は、古典の物語がなにゆえに排除されてきたのかを教えてくれる。さらに、そういった物語を現代の布教に蘇らせる際の課題と方向性を、示唆し続けてくれるのではないか。

今、知的理解偏重の布教に対する閉塞状況の中で、節談に代表されるような伝統的説教への関心が高まっている。たしかに、仏教伝道の歴史にあって、情緒性に富む物語の果たしてきた役割は限りなく大きい。しかしながら、そういった物語には、それを無批判に使用してはならない重大な陥穽を内包しているのである。これに気づき学びを深めることが、物語に向き合う際のまず一番の課題であろう。

以下、第六章において、日本仏教受容期の唱導における物語のあり方を端的に伝えていると思われる『霊異記』を素材として、物語の特質とそれを現代布教に蘇らせる場合の問題点を考えていくこととする。

註

(1)『説教の歴史的研究』(一九七三年・法蔵館刊三八七頁)。
(2) 註(1)三二一頁。
(3) 小沢昭一が録音した節談の中でも、豊島照丸・野上猛雄のものは、前席の「讃題・法説・譬喩」の部分を欠き、後席の「因縁」部分だけである。芸能史的価値を重視する小沢の関心が、物語性の高い「因縁」に注がれた結果ではないだろうか。
(4) 大須賀順意著・府越義博訳『説教の秘訣』(一九一〇年・初版法蔵館刊、二〇一一年・国書刊行会刊八一～九七頁)。
(5) 直林「物語の奥にあるもの―布教としての節談の眼目」(『在家仏教』第七三六号二〇一三年在家仏

教協会)、『名人木村徹量の継承者 神田唯憲の節談』(二〇一四年・節談説教研究会刊)。私たちはここから、物語はあくまで法義を取り次ぐための手段の一つにしか過ぎず、大切なのは「讃題」の教えを説く「法説」であると知らされる。

(6)『初期大乗仏教の研究』(一九六八年・春秋社刊七二一頁)。

(7)釈徹宗「節談の『共振』現象」(『節談説教』創刊号二〇一八年四頁)。

(8)井上正一「『霊異記』にみる「業」思想の民間受容」(『部落解放研究』第三五号一九八三年)、仲尾俊博『靖国・因果と差別』(一九八五年・永田文昌堂刊一七一頁)、朝枝善照『日本古代仏教受容の構造研究』朝枝善照著作集第一巻(二〇〇九年・永田文昌堂刊二七八頁)。

(9)浅井成海「情念の布教『節談説教』を現代に活かすには」(『節談説教』第六号二〇一〇年二〜一四頁)。

【付記】

本章は、二〇一三(平成二十五)年五月九日、『中外日報』に掲載された拙文「節談の歴史と今―物語の復権とその課題」に、加筆したものである。奇しくも、この日の早朝関山和夫先生が往生の素懐を遂げられた。先生に拙文をご覧いただきご指導を賜れなかったのは、残念でならない。そんな意味においても、この記事は短文ながら、私にとって忘れがたいものであるので、大幅に書き足して本書に加えさせていただいた。

第六章　唱導における物語のあり方―『日本霊異記』の場合

一、はじめに

『日本霊異記』（以下『霊異記』と略称）と唱導[1]との関係については、これまで種々論じられてきた。もし『霊異記』が唱導の種本の如き性格を有していたとするならば、「元来説教の重点が演説体におかれたため、優れた説教実演の記録」が残[2]っていない現状の中で、それは日本仏教最古の布教史史料として極めて高い価値を持つ。仏教が人々に対しいかに関わり、どのように法を説いていったのか[3]、『霊異記』はそれらを活写しているように思われる。しかし、『霊異記』が民衆への接点を求めているとはいえ、その関わりの内実は無条件で絶賛されるようなものではない。『霊異記』には、現代の布教現場にまで連綿とつながる重大な問題[4]が内包されており、『霊異記』の延長線上にある説教の克服は、他ならぬ我々自身の課題なのだ。

今、『霊異記』と唱導との関係を問うためには、その文学的価値や機能を明らかにするにとどまらず、『霊異記』を広く仏教伝道の歴史の中に据えおいて、論じていく必要があるといえよう。本章では、『霊異記』を仏教における布教の展開の中で捉え直し、その歴史的位置づけを試みる。近年「唱導文芸」[5]という分野に衆目の関心が集まり研究の進展も著しいけれども、『霊異記』の存在を、アジア全域の仏教伝道の広がりと、奈良末平安初期の時代的特色の中に再認識する作業は、なお幾許かの課題をのこしているのではあるまいか。

『霊異記』の唱導性に最初に着目したのは、折口信夫（一八八七〜一九五三）[6]であった。それをうけて、『霊異記』における類話の多さから唱導文芸の発達を看取する見解[7]が示され、景戒による編纂の背景に「説法の材料として用いられたものがかなりある」[8]との指摘を生み、唱導に携わる人々の伝承[9]の存在を想定する議論へと発展していった。一方、『霊異記』以後その説話が口伝で流布継承されたこと[10]も解明され、「書かれた作品」ではなく「説教の場で話された」「説教話」としてみるべき面のあること[11]も議論されている。

こうした『霊異記』の唱導的側面の研究の広がりの中で、上田設夫によって『霊異記』の各説話の構成を、『法華経』迹門正宗分科段たる三周説法、さらには浄土真宗節談の五段法と直接比較する研究[12]が行われた。上田の視点は、仏教の布教の歴史的展開の中に唱導文芸としての『霊異記』を位置づけようとする画期的なものであると考えられる。しかし、後に詳述するように『霊異記』説話構成の区分方法や仏教の布教の変遷の把握に関して、若干課題を残しているように思う。また、森正人は「前半に過去世のできごと、後半に現世のできごとを示し、その二つに関連を与えようとする」『霊異記』の構想は、アヴァダーナと類似するという。[13]だが、一般に「譬喩」と訳されるアヴァダーナと、ニダーナといわれる「因縁」の関係はどのように捉えるのであろうか。

その後中村史は、従来混同されてきた『霊異記』各説話自体の特質と、編者の説話集編纂意図とを峻別する手法に基づき、『霊異記』原説話は悔過などの経典に依拠した法会唱導の場で使用された例証話であり、景戒はそれらを収集・再解釈・普遍化し「現報善悪」「霊異」を説く説話集を完成させた、[14]とする緻密な研究を発表した。中村説では、かつて提起された各説話を「標題」「素体」「説示」に区分してその関連性を問う方法を援用しているが、それは『霊異記』の構成を検討する際に参照できるといえるであろう。また、中村は『霊異記』各説話の唱導性について、自ら教化唱導をなさんとする景戒のうちに醸成され、『霊異記』編纂の原点となった、という。やはり、『霊異記』と唱導との不可分の関係性は、まちがいなく存在するようである。

さらに山口敦史は、『霊異記』説話には引用経典の主題を自在に膨らませる姿勢が垣間見られ、それは経典の註釈に相通じる面を有すると論じた。[16]一方近年、根本誠二によって、『霊異記』には奈良時代の仏教が仏教的な功徳を現世に引き出す「共感」から、それを国家やすべての人々と共有する「共歓」へのひろがりを示す様相が窺え、それこそが、日本仏教における唱導の出発点に他ならない、[17]とする提言もなされている。その他、『霊異記』をめぐる最近の研究としては、『霊異記』の物語化の過程を通じ、景戒の仏教史叙述への志向を論じる北条勝貴[18]や、師茂樹[19]による下38縁の夢読解の意慾的な試みもなされている。

上述のような研究史の蓄積[20]に学ぶ時、まず、第一に『霊異記』の存在が、アジア的視座での仏教の伝道の展開の中でどのように位置づけられるかを解明しなければならない。仏教の説法はかねてより「九分教」・「十二部経[21]」という経典分類によって、簡単に統括され、『霊異記』説話もその中の「因縁譬喩」であると莫然と関連づけられてきた。しかし、「因縁」と「譬喩」との差異、さらにはそれらを『霊異記』説話とどのように関連づけて捉えるべきなのか、さらなる論究が必要なように思われる。また上田の着目した『法華経』の三周説法との同一性は、果して妥当な指摘なのであろうか。

そのためにはまず『霊異記』の説話構成を再整理しなければならない。そこで本章では、最初に上田の卓説に導かれつつ『霊異記』説話の構成を改めて解析していく。一般に『霊異記』は中国の説話に範を仰いだ作品だとされるけれども、その構成面ではどのような先蹤から何を学んだかを明らかにしよう。

そのうえで、かような説話構成を持つ『霊異記』が、「因縁」・「譬喩」といかなる関係性を有するのか、天台の三周説法の展開とどのような位相にあるのかを、展望していきたい。かくして、『霊異記』の唱導史上の位置づけ、ひいては九世紀初頭の歴史状況とのつながりの一端を繙くことができるならば、望外の幸せである。

二、『霊異記』の説話構成と唱導

上田設夫は、『霊異記』説話構造から唱導性を看取する根拠として、「平坦に主人公の身上から語りはじめることから発し、主人公の因果応報譚が中核として物語られ、終りに戒言をもって聴衆を諭す」「三段法による説話形態」と、説教の終末を尊く盛りあげる「説話の結尾」[22]の二点を指摘し、両者の特質を天台の三周説法へと結びつけていく。

しかし、上田のいう第一の点である「三段法」は、必ずしも『霊異記』において想定し難いのではないか。かつて春日和男は、『霊異記』各説話の冒頭部分の類型化を行ない、「主要人物から書き起こす場合が五十四例」「場所から書き起こす場合が三十七例、天皇の時代から書き始める場合が二十例、『昔』から書き始めるもの六例、その他二例[23]」と区分された。やはり

『霊異記』では「人」に始まる書き出しが半数近くに及ぶ。しかしそうした「主人公の身上」の紹介は、特に唱導の現場では因果応報譚という一連の物語の場面設定の一部分でしかなく、両者の間に口調の変化を読み取るのは困難なようである。つまり、上田のいう「平坦」な語りは、一般的に教義自体の知的説明や解釈においてなされるものであり[24]、一連の物語の中で冒頭のごく僅かな場面設定から本題への展開に際し、口調や内容の変貌を採用するのは、決して有効な唱導の技法とはいえない。したがって、各説話の構成を「三段法」で捉え、それを以てただちに三周説法、さらには浄土真宗節談の五段法の口調の移行へと結合させる見解は、首肯し難いところである。しかし、春日の分類からも窺えるように、『霊異記』があくまで人間を中核とする物語の構成を採用しているのは、『霊異記』の性格を規定するに際し極めて重要な点であろう。

次に、上田は天台宗の「三周説法」は、説教の結末の「結勧」を尊く説くことを推奨していたという前提に基づき、『霊異記』結尾の構成も「聴衆を仏法の道へと導く戒言[25]」の役割を果たしている、とされる。しかし、上田のいう「終り尊く（結勧）」の格言は、江戸時代の浄土真宗で創始され固定した型として伝承された「説教の五段法」の活用法を示した口伝なのだ。たしかに五段法の構成は、天台の三周説法の伝統を継承し、冒頭に「讃題」、末尾に「結勧」

を附加し成立した型であるけれども、日本仏教においても三周説法が布教技法の主流として定着していたのは、はたしていつ頃からなのか。景戒が三周説法を知っていたのか。改めて分析しなければならない。その手続きを経たうえで『霊異記』の結尾の特色を、三周説法や五段法と再度比較していく必要があるようである。一方、上田も参照したと思われる関山和夫の先駆的所説では、『霊異記』が「説教伝統の基本を踏まえ、「既に日本の話法の型を形成している」[26]との見通しを提示している。つまり関山説では、あくまで『霊異記』各説話の構成が、三周説法・説教五段法と共通する特質を具備していたと指摘するに過ぎない。したがって上田が、三周説法・五段法自体を『霊異記』の説話構造の基底に存在した枠組みと断言するのは、いささか性急な議論であろう。しかし、上田の着目した第二の末尾構成の問題は、なお深めていくべき示唆に富む提言であると考える。

春日は、『霊異記』の末尾形成は雑多であるが、「殆ど撰述者の戒言乃至は感想が附加されて終る」とされた。そのうえで「経典の文句を引用」するもの、「感慨を述べる手法」、「単に『是奇異事矣』と結んだもの」、「賛を述べて言行を称揚するもの」、「反語をもって強調的に終る例」[27]に分類を試みている。

今、春日の区分を参照して、改めて『霊異記』各説話の結尾を類型化してみたい。

A群　景戒自身の評言

上3・4・5〇・7・8・9・10・12・16・17・21・24・28・31・32

中3・4・6・7◎・11・15・16・20・23・24・26・28・29・33・35・36・37・38・39

下3・6・7・8・11・13・16・17・21・22・24・25・26・28・31・32・33◎・34・35・36

以上五四例（〇印は「賛」と重複・◎印は「経典」と重複するもの）

B群　経典の引用

上11・13・18△・19・20・23・27・29・30

中1・5・7・9・10・13・17・18・19・22・27・30・32・41・42△

下2・4・14・15・18・20・23・27・29・33

以上三四例（△印は「賛」と重複するもの）

C群　賛で結ぶ

上5・6・14・18・22・25・33

中2・21・42

下10・12・30
以上一三例

D群　単に「是奇異事矣」で終わる
上34・35
中8・14・25・34・40
下1・5・9・19・37
以上一二例

E群　縁起（現存の事象とのつながり）を述べる
上1・2
中12
以上三例

F群　その他

上15・26
中38・39
以上四例

右のように各説話の末尾を、A群 景戒自身の評言五四例・B群 経典の引用三四例・C群 賛で結ぶ形式一三例・D群 短い「奇異事」の感嘆一二例・E群 現存の事柄との連なりを述べるもの四例・F群 その他四例に大別した。さらにF群は、物語のみで終わる上15・26、景戒の自伝的内容の下38、『霊異記』編纂の感慨を記す下39に詳別できるようである。

最も数の多い説話に対する評言（A群）は、文章の形式によって更にいくつかに細分化できるのではないか。

A一類 「誡知」などの語句によって、それまでの話を因果の道理に鑑みて改めて説明するもの 二五例

A一類は、説話の内容を再度因果応報という道理に照らして、その意味を説き示す形式である。その際、「当是知」「当知」「是知」「誡知」「諒知」「乃知」「誾知」「方知」「定知」「実知」といった人々への熟知を促す強い文言を用い、説話から教義・道理への誘引がなされていく。

誠に知る、丈六の威光、誦経の功徳なりといふことを。（上32）一三二頁[28]

上32縁では、細貝の里の人々が王難から逃れることのできたのは大安寺丈六仏の威光と誦経の功徳に他ならないと、因果の道理の実在性を鼓吹する。

誠に知る、不孝の罪報は甚だ近し。悪逆の罪は彼の報無きに非ずといふことを。（中3）一五二頁。

「悪逆子」が母を謀殺しようとして「悪死」を遂げたという中3縁においては、そうした息子の行為を道理に鑑みて訓誡している。すなわち、A一類は、各説話の具体的物語から劇的にメインテーマを導き出す有効な方法であり、『霊異記』が単なる机上の読み物でない証左となるであろう。

A二類　反語や二重否定の構文を用い、説示内容を強く印象づけるもの　八例

これは、「因果の理、豈信ならずあらんや。（上10）八六頁」や「是れ乃ち法花経の神力にして、観音の贔⿱原⿰原原なり。更に疑ふこと莫れ。（下13）二九四頁」のように因果の理法や経典や仏菩薩の験力の実効性を、二重否定によって強く主張し、「現報すら猶し是くの如し。況や後報はや。（下25）三二五頁」の如き反語表現を使用し、果報の顕著なることを力説する。すなわちA二類も、相手に対し極めて強いアピールを訴える臨場感あふれる手法の一つと考えられる。

A三類　「猶」という対比構文によって、聞き手に対し他者との比較思考をおこさせるもの　三例

A三類の一例として、上7縁と上12縁の結末を検討したい。

畜生すら猶し恩を忘れずして恩を返報せり。何に況や、義人にして恩を忘れむや（上7）。

八〇頁

この説話は、百済からの渡来僧に対する亀の報恩譚として名高い。景戒は、「畜生である亀でさえ恩を忘れぬのであるから、道理をわきまえた人間たるもの、どうして恩を忘れてよいであろうか、いや絶対に忘恩の徒になってはならない」と、畜生と人との比較の中で、報恩の意義を強調する。

夫れ死霊・白骨すら尚猶し此くの如し。何に況や、生ける人、豈恩を忘れむや（上12）。

九一頁

また、著名な道登の宇治橋造営(29)に関する説話では、「髑髏」と「生人」との対比によって忘恩を誡めている。それ等には、自分より弱い立場の者を設定し、「そのような者でさえ○○するのだからまして我々は○○しなければならない」という論理の存在が窺える。そして、かかる比較の視点は、その後の日本仏教の中に根深く温存しつづけ、今なお差別を助長する布教の構

造として指弾されている。[30]たしかに古代社会と現代との歴史状況の差異を除外した議論は慎むべきであるけれども、『霊異記』に現代布教の負の側面の原型を看取しておくのは、布教史上の大切な論点であるといえよう。

A四類　「嗚呼」という感嘆詞で結ぶもの　三例

嗚呼、現報甚だ近し。己を恕りて仁あるべし。慈悲無くはあらざれ（上16）。九七頁

このような感嘆の表現は、説話の結末を劇的に盛りあげ、相手に因果の道理や現報の存在を強く印象づける効果を示すことはいうまでもない。

右のA一類からA四類の如く『霊異記』各説話結尾の景戒の評言を分類した結果、「誠知」・二重否定や反語・比較の語法・感嘆詞によって、『霊異記』が情感豊かな劇的なむすびをめざしていたのではないかと推測してみた。

またA群の格言の長さは、大部分短い分量で占められていた。景戒は、くどくどした解説を忌避していたように思われる。節談五段法の口伝には、上田の指摘したものの他にもう一つ、「讃題について（法説）はなれて（譬喩・因縁）またついて（合法）花の盛りにおく（結勧）が一番」[31]という格言がある。「具体的例話から説教のメインテーマに立ち返ったならば、長々とした説明は不要だ！！」という唱導の極意は、あるいは時代や地域の相違を超えてあてはま

るのかも知れない。

B群は、説話の内容を仏典（時には外典）の文言に関連づけて説明する、結尾の構成である。ここでは、

涅槃経に云はく、「若し、見、人有て善を修行せむには、名、天人に見れむ。悪を修行せむには、名、地獄に見れむ。何を以ての故にとならば、定めて報を受くるが故なり」者へるは、其れ斯を謂ふなり。（上27）。一一六頁

のように、「経にいわく、〜〜其れ斯れを謂ふなり」という形式が最も多い。引用仏典としては、『精進女問経』『善悪因果経』『法華経』『大方等経』『涅槃経』『憍慢経』『鼻奈耶経』『最勝王経』『不可思議光菩薩経』『大集経』『出曜経』『成実論』『長阿含経』『千手経』『方広経』『丈夫論』『大般若経』『十輪経』『顔氏家訓』の名がある。さらには「経」「義解」「経論」などと、具体的な文献名を秘す例も見うけられる。最も多く引かれるのは、『涅槃経』九例、次いで『法華経』四例の順となっている。先述の後世の節談の格言では、「譬喩」「因縁」で幅広く展開した説教を再度経論釈の文言に合致するように意味づけを行ない、メインテーマへと収束していく。この手法を「合法」という。この「速やかな合法」の方法こそ、B群『霊異記』の経典引用の結尾の構成法と近似しているといえるであろう。

C群の「賛」一三例の中で、中2縁の「血沼県主氏」と下10縁「榎本氏」の一部分を除き、他は全て四文字の偈文（韻文）の形式を採用している。代表的「賛」の事例を検討しよう。

賛曰、大哉釈氏。多聞弘教、閉居誦経。心廓融達。所現玄寂。焉為動揺。室壁開通、光明顕耀（上14）。九五頁《漢文のまま》

賛に曰はく、「大きなるかな、釈氏、多聞にして教を弘め、閑居して経を誦す。心廓かに融ひ達る。現ずる所玄寂なり。焉にぞ動揺を為さむ。室壁開き通り、光明顕れ輝く」といふ。九四頁

右の上14縁の「賛」では、四字の偈を連ねて説話の主人公釈義覚の人となりを賛嘆し、その功徳を総括していく。つまり、「賛」の意図するところは、偈頌を用い説話の大筋を振り返り、主人公の徳を感動的に称揚する役割があったといえよう。

散文で語られた物語をふまえ、韻を踏んで詠唱される「賛」でまとめる説話の結末は、極めて感動的であったに違いない。節談五段法の「結勧」は「結弁」ともいわれる如く、一瀉千里に七五調の韻文で畳みかける「セリ弁」を多く用いてきた。(32) 今、『霊異記』の「賛」から「セリ弁」を連想させるのは、あまりに穿った見方かもしれないけれども、四字の偈頌の連なりを口称することによって、知的理解を超えた情感豊かな説法の結末が演出できるのはまちがいな

い。これは、後述する「九分教」の一つである「祇夜」（応頌・重頌）に通じる一面を持つ。

D群の一二例は、「奇異しき事」「奇しき事」という短い感慨で結ばれている。全般に『霊異記』の結尾部分は、ごく僅かな例外（下33縁三四八頁）はあるにしても、決して長いものではない。簡潔な結びは「花の盛りにおけ」との格言とも合致する。特にD群の如き一文の評言で閉じるのは、かえって聴衆に対し強烈な余韻を刻印する効果を発揮するのではなかろうか。

E群にまとめた三例は、

所謂古時、名づけて雷の岡と為ふ語の本、是れなり（上1）。五七頁
三乃国の孤の真等が根本是なり（上2）。五九頁
此れより已後は、山背国に、山川の大蟹を貴び、善を為して放生するなり（中12）。一八一頁

とあるように、いずれも『霊異記』が編纂された当時において存在していた地名・姓名・習慣の起源に、説話の内容を結びつける構造を持つものである。元来、このような現存の事象の生起を解き明かすのが、説話文学の目的の一つであるとされる。しかし、右の如く『霊異記』においてその形式の結末が極めて少ないのは、やはり『霊異記』が事物の起源の説明を目的として編まれた作品でないことを示すといえようか。

ところで、『霊異記』各説話の大多数は、上述のA～F群の構成のいずれか一つの様式を以て結ばれているけれども、それ等を重複して使う例が僅かながら見うけられる。すなわち、◯印を付したA群評言とC群賛を用いる上5縁、◎印を付したA群評言とB群経典を用いる中7縁・下33縁、△印を付したB群経典とC群賛を用いる上18縁・中42縁の五者がそれである。以下それら五例の特質を一瞥しておきたい。

上5縁は、日本仏教受容の物語を孝徳朝に「春秋九十有余にして卒」（七四頁）した架空の人物の伝として再構成した長篇であり、背後に大伴氏系の所伝である『本記』の存在があると考えられる。[33] 景戒は、「大部氏」の「賛」の後で、一連の説話をして五台山信仰を媒介とした行基文珠化身説へと結びつけていく。[34] 評言の附加には、景戒の強い意志が窺えよう。上18縁では、「日下部氏」の『法華経』誦経功徳を詠じた「賛」で完結する持経霊験譚を、『霊異記』一流の因果応報の話へと転回する論評が追加されていた。行基を妬んだ智光の地獄めぐりの物語として有名な中7縁は、経典を引用しての果報の説明に続き、後日談として二人の入寂の様を述べる。この最終の結末の描写があってこそ、景戒のいわんとした二人の高僧の対比の構図は、より現実味を帯びてくるのではないか。中42縁の説話は、千手観音の霊験譚であるけれども、「賛」の次に附加される『涅槃経』の文によって、子を思う母の情愛がより鮮明になっていく。

下33縁は、先に触れた如く、『十輪経』『梵網経古迹記』『像法決疑経』『丈夫論』という四つの経文を引用した極めて長い結尾部分を持つ。それゆえに、『霊異記』の中では珍しく複雑で論理性の高い結びといえよう。景戒は「慳心」を誡めた経論の文をうけ「夫れ銭財は、五家共に有つ」（三四七頁）ることを力説する。以上検討したように、二重の結尾構成を有する五例の説話においては、いずれも編者景戒によって、それまでの物語の主題を改変・進展・増幅・整理せんとする強い意志が働いていたようである。したがって、元来簡潔を以て旨とする、結末部分の中にあって、屋上屋を架するが如き説明を行う、例外的な構成になったのであろうか。

さて、こうした多様な構成を持つ『霊異記』各説話の末尾の手法は、果してどのような先例の影響を受けているのであろうか。景戒は、『霊異記』編纂の動機について、

昔、漢地にして冥報記を造り、大唐国にして般若験記を作りき。何ぞ、唯し他国の伝録をのみ慎みて、自土の奇事を信じ恐りざらむや。（上序）五三頁

という。つまり、唐の永徽年間（六五〇～六五五）に唐臨（六〇〇～五九）によって編まれた『冥報記』三巻及び玄宗の治世七一八（開元六）年に成立した孟献忠撰『金剛般若経集験記』三巻を、その先蹤として参照したと告白している。

しかし、『冥報記』各説話[35]五四例の結尾の構成に関しては、『霊異記』のそれと大きく相違す

る。

イ此寺臨外祖齋公所立常所遊勸每聞舅氏說云爾［割注］（上2）

ロ因名所造浮圖為六日浮圖浮圖今尚在邑里猶傳之乎（上9）

ハ見後魏書及十六國春秋［割注］（下2）[36]

右のイロハのように、唐臨は極めて律儀なまでに、イ説話の入手経路・ロ現在との繋がり・ハ出典を明記して話を結ぶ。このような解説がなく物語だけで終了するのは、下9・10・15・18・20の五例のみである。伊野弘子によれば、かかる話の末尾における説明は「すべてが実話であることを主張[37]」するためである、という。しかし、物語の出拠来歴をきちんと明示する結尾の構成は、あくまで文字を媒介とした伝達の場面において、論理性を帯び説得力を増すけれども、音声による交感の現場では逆に興趣を著しく低下せしめたに違いない。その点で『冥報記』は、あくまで書かれた文学作品の域を出ないといえるであろう。一方、先に考察した『霊異記』各説話の結びは、実際の人々を前にした語りの臨場感に満ちあふれていた。たしかに景戒は、説話内容において大いに『冥報記』を継承しているが、合理的説明を第一義とする唐臨の手法は採用せず、いかに感動的に物語を結んでいくかに主眼をおいたのではなかろうか。

次に、孟献忠の『金剛般若経集験記』を吟味してみよう。この書には、救護篇一九章・延寿篇一二章・滅罪篇三章・神力篇一六章・功徳篇一〇章・誠応篇一〇章に分けて、数多くの霊験譚が編集されている。その中でかなりの説話の巻末の部分には、以下の如き割注が見うけられる。

・徳玄曽孫提於州過具説録之
・前定州安嘉県主薄長孫楷親知具説之
・表兄楊希言所説[38]

これらは、『冥報記』と同様な、物語の出典や入手経路に関する註記である。孟献忠も唐臨と同じく説話の客観性・実在性を重視していたといえよう。

一方、『集験記』については、中田祝夫による次の如き指摘がある。

唐の孟献忠の『金剛般若経集験記』三巻は、全六編から成っているが（中略）それに「賛」が、また各六編の末尾に置かれてある。『霊異記』はこうした中国の仏教伝来説話集に影響されているとみてよい。[39]

つまり、各説話の末尾に「賛」を配置するのは、『金剛般若経集験記』に学んだ、といえるであろう。しかし、『集験記』の前述のような巻末の構成全般は、やはり『冥報記』に通じる説明的特色を有するといえる。上田は、「賛」の先例を道宣『唐高僧伝』に求め、『文体明弁』により「賛」の原義と、「雑賛・哀賛・史賛」という分類を紹介している。(40) さらにその他にも、景戒が手にしたと思われる中国の文献は、今日では佚書となってしまった「冥報記十巻」「霊異記十巻」など数多くあったと想定できる。このような散逸文献との比較が不可能である以上、速断は慎むべきであるけれども、彼は唐臨や孟献忠のような合理的な説明を目的とする終盤の演出を踏襲せず、聴衆と情緒的な感動を共有する結末を、様々の形式を駆使することによって表出していたのだ。それは、『霊異記』が単なる机上の読み物として編まれて作品ではなく、布教現場の臨場感の中で綴られた唱導の所産であるからに他ならない。上田説は、関山の先見性に富む発言をうけ、『霊異記』の説話構造を天台の三周説法や節談五段法と直接関連づけて、説話の唱導性を立論された。もとより三周説法・五段法を、そのまま『霊異記』説話にあてはめるのは無理である。しかし、上来述べた如く、『霊異記』結末の構成と今日まで伝承された情念の布教法たる節談の格言には、浅からざる近似性が窺える。かくして、こうした唱導との深い関わりを持つと考えられる『霊異記』説話の存在と成立の問題を、仏教伝道の歴史の中に位置づけて捉えなおしていきたい。

三、因縁・譬喩の特色

『霊異記』を唱導の視点から位置づける場合、これまで各説話を「譬喩因縁譚」と一括して議論されてきた。[41] 人口に膾炙する『梁高僧伝』唱導篇では、唱導の原義について述べる。

唱導者。蓋以宣唱法理開導衆心也。昔仏法初伝。于時斉集止宣唱仏名依文到礼。至中宵疲極。事資啓悟。乃別請宿徳昇座説法。或雑序因縁。或傍引譬喩。[42]

すなわち、中国仏教伝来当初においては、「仏名」を唱することや読経のみが行われていた。しかし、それでは聴衆があきてしまう。そこで弁舌にたけた「宿徳」が高座に昇って「因縁」・「譬喩」を交えた説法をするようになったという。そして「因縁を雑序し」「譬喩を傍引す」とある通り、ここでは明らかに「因縁」と「譬喩」とは峻別されていたといえる。仏教文学の先駆的業績とされる小野玄妙の『仏教文学概説』でも、「譬喩経文学」・「因縁経文学」と別個の章立てがなされている。[43] かくして、本章では『霊異記』の物語が実際の伝道の場面で演じた役割を把握するために、「因縁」と「譬喩」の特色と、その歴史的変遷を明らかにしていきたい。

元来「因縁」とは、釈迦の悟った真理における、結果を生ぜしめる直接的原因と間接的条件の無尽の連鎖をいう。それが説法の場面ではどのような意味づけがなされたのであろうか。

『大般涅槃経』巻一五梵行品第八では、次の如く因縁の起源を述べる。

何等名為尼陀那経。如諸経偈所因根本為他演説。如舎衛国有一丈夫羅網捕鳥。得已籠繫随与水穀而復還放。世尊知其本末因縁。而説偈言　莫軽小罪　以為無殃　水渧雖微　漸盈大器　是名尼陀那経。(44)

また、『大毘婆沙論』巻一二六には、

因縁云何。謂諸経中遇諸因縁而有所説。如義品等種種因縁。如毘奈耶作如是説。由善財子等最初犯罪。是故世尊集苾芻僧制立学処(45)

とあり、『成実論』巻一十二部経品第八では、

尼陀那者。是経因縁。所以者何。諸仏覧聖所説経法。要有因縁。此諸経縁。或在修多羅中。或在餘處。是奈尼陀那(46)。

といい、『瑜伽師地論』巻八一においては、

縁起者。謂有諸而說。如経言世尊一時依里鹿子為諸苾芻宣説法要。又依別解脱縁起之道。毘奈耶攝諸有言説。依如是如是事。説如是如是語(47)。

と記す。さらに『大乗阿毘達磨集論』巻六抉択分中法第二を繙くと、

何等縁起。謂因請而説。又有因縁制立学處。亦名縁起[48]

とある。唐代の基（窺基）（六三二～八二）は『大乗法苑義林章』巻二十二分章で、

此具三義名為因縁。一因請而説。二因犯制戒。三因事説法。如次応知。対法等論唯有初二。涅槃経中唯有後一[49]。

と総括していく。上述のように、「因縁」には「一に請に因りて説き、二に犯に因りて戒を制し、賛に事に因りて法を説く」という三つの特質が窺えるようである。もとより、三者の相違は、各文献が編まれた時代地域の状況やその内容を伝持してきた部派の実情に基づくことは云うまでもない。しかし、そうした変化に拘泥せず大まかに整理するならば、

㋑説法の発端となった弟子からの質問要請

㋺戒律条項の制定の原因となった犯罪などの事実

㋩経典が説かれる背景となった事柄や物語

というように要約できるのではないか。つまり、説法の原因・条件を述べることこそ、「因縁」の原義といえよう。そして㋑から㋩に共通するのは、いずれも赤裸々な人間模様うずまくドラマの存在であるのだ。そんな物語の展開を享受するのは、知的合理的理解の領域を凌かに超えた、喜怒哀楽の感性の次元においてである。まさにそれは、「共感共振[50]」といった感受の世界

に他ならない。

一方、「譬喩」に関しては、『大智度論』巻三三に「阿波陀那は、世間の相と似て、柔軟の浅語なり」といい、同書巻九一には「事を明了にするをもつての故に譬喩を説く」[51]とある。また、『成実論』巻一では、

阿波陀那者。本末次第説是也。如経中説。智者言説則有次第。有義有解不令散乱。是名阿波陀那。[52]

と述べ、『大乗阿毘達磨雑集論』巻一一抉択分中法品第二に

譬喩者。謂諸経中有比況説。為令本義得明了故。説諸譬喩。[53]

と記す。このように「譬喩」とは、世間に通じるような平易な言葉を用いて、仏教の本義をわかりやすく明瞭にするために用いられた方法であると考えられる。つまり、容易に理解し難い教説や道理を、身近な他の事例におきかえて説明する手法を「譬喩」という。したがって、「譬喩」は、あくまで合理的説明と知的理解のための手段であって、たとえ人間の登場する物語を使用したとしても、それは「因縁」における物語のあり方と異なり、知的合理的理解の領域に留まるのだ。このように「因縁」と「譬喩」とは、既にその原義においても大いに相異なっていたと考えたい。

そして、この両者が説法の一形態として定着流布していく経緯は、「九分教」・「十二部経」の問題を通じて解明できるのではないか。「九分教」・「十二部経」とは、釈迦所説の経典をその内容あるいは形式の不同によって九通りまたは十二支に分類したものである。[54] それ等の名称は、仏典により音写・意訳の双方を伝えており、その順序も一定しない。今仮に一般にその順番が原型に近いとされた[55]『五分律』により、同じ順序を伝える『根本説一切有部毘奈耶雑事』の意趣訳を（　）内に加え、十二支を掲出しておきたい。

1修多羅（契経）　2祇夜（応頌）　3受記（記別）　4伽陀（諷頌）　5憂陀那（自説）　6尼陀那（因縁）　7育多伽（本事）　8本生　9毘富羅（方広）　10未曾有（希有）　11阿波陀那（譬喩）　12憂波提舎（論議）

なお、他の文献では、3受記＝和伽羅那・8本生＝闍陀伽・10未曾有＝阿浮達磨のような音写表記を用いる場合もある。

特にその中で「九分教」と「十二部経」との差異をめぐっては、多くの論点が示されてきた。[56] 右の十二支の中から「尼陀那」「阿波陀那」「憂波提舎」を除去して「九分教」とする『大般涅槃経』の所説と、「受記」「憂陀那」「未曾有」を省く九支を以て「九分教」と捉える『法華経』の立場との相違は大きい。さらにその中間形態として、『涅槃経』の九分に「尼陀那」を加え十支とした『法集経』や、「本生」を「尼陀那」に変えた『十住毘婆沙論』、「未曾有法」を除き「因縁」を加えた『法集名数経』、「憂陀那」を「縁起」に代替した『大集法門経』が存在する。またこれとは別に、『ダルマサングラハ』は「イティヴッタカ（本事）」を除去し「ウパーディシャ（論議）」を付加した九分を作すという。(57) これ等の相違は、多様な時代・地域において活動した各部派の所伝のちがいに由来するといえようか。

平川彰は、九分と十二部の先後関係について断定は避けながら、一応『涅槃経』の九分に「尼陀那」・「阿波陀那」・「憂波提舎」が加わって十二部経が成立したとの前提のもとに、三支増広の可能性を言及された。つまり、先述の如く『法集経』が「尼陀那」を含め十支とし、『十住毘婆沙論』『法集名数経』『大集法門経』がそれぞれ別のものを除きながらともに「尼陀那」を加えている点に注目し、増支された三支の中では「尼陀那」が強かったと推定する。(58) 右の平川説によれば、「尼陀那」の存在は、仏教の聖典発達史の中で重要な位置を占めるといえよう。

一方平川は、『五分律』『法集経』『十住毘婆沙論』『法集名数経』が「尼陀那」を「憂陀那」の次に配するのは発音の類似のためであり、意味の上や十二分の構成上からの必然性はない、(59) という。インド仏教史の専門家ではない浅学の身で不遜な発言は慎みたいけれども、6「尼陀那」の次の7「育多伽」・8「本生」はともに前世物語であり、人間ドラマを説く「尼陀那」とその物語性において共通する側面を有していたのではないか。それ故「尼陀那」を七番目におくのは、物語性という共通項でくるという一定の必然性があったとしたい。他方、11「阿波陀那」・12「憂波提舎」はいずれも知的理解の領域に属するものとして、「尼陀那」と別けて按配されたのかも知れない。このように「九分教」「十二部経」という仏教聖典の分類にあっても、物語性豊かな「因縁」と合理的解釈を促す「譬喩」とは別物として扱われていたのだ。

古田和弘は「因縁」・「譬喩」の経典に関して、民衆を対象とした法師たちの伝道の場で強調や増幅を繰り返し、複雑な経過をたどって形成されたという。[60]「因縁」と「譬喩」が民衆への伝道の所産であると看取された点は傾聴に値するといえるが、実際「因縁」と「譬喩」とが民衆と仏教の媒介に果した機能については、より詳細な分析が必要となってくる。山田昭全によれば、日本中古以降の説話における「因縁」は時間的継続性を重んずる思考、「譬喩」＝空間的同一性（または類似性）を重んずる思考であると区分される。[61]しかし、少なくとも上述の原義と展開を視野に含めるならば、両者の関係は、民衆に喜怒哀楽の情念的共感を促す物語としての「因縁」、民衆の合理的理解に資するための「譬喩」という、それぞれ別個の伝道上の役割を演じたと思う。そして『霊異記』の物語は、何よりも第一に人間ドラマそのものであり、決して知的教義理解や経典の合理的解釈をめざしたものではない。それは、明らかに仏縁薄き人々に対し、切実な物語を示すことによって、強烈に因果応報展開の世界を、人々の感情の中に訴え感受させる機能を果していったのだ。その意味において、『霊異記』説話の伝道史的系譜を遡るとすれば、やはり「尼陀那」に辿りつかざるを得ないのである。

四、三周説法のひろがりと景戒

さて、「因縁」・「譬喩」を取り入れた唱導がより体系的に構築されたのは、三周説法のひろがりによるところが大きい。元来三周説法とは、『法華経』迹門正宗分を法説周・譬喩周・因縁周に区分する経典解釈の方法であった。その淵源は、『法華経』方便品冒頭に、「舎利弗。吾従成仏已来。種種因縁。種種譬喩。広演言教。無数方便。引導衆生。令離諸著。(62)」とあるのを踏まえ、梁の法雲が『法華義記』巻三において「即化三根人為三段」と、仏が機根の「上中下」に対応して三回の反復説法をなしたものと考えたところに由来する。『法華義記』巻三では、『法華経』方便品の「汝已慇懃三請」以下譬喩品の「我所有福業。今世若過世。及見仏功徳。尽廻向仏道」以前を法説、「爾時舎利弗。白仏言世尊。我今復疑悔」より授記品末以前を譬説、化城品より授学無学人記品迄を宿世因縁説と呼ぶ。(63)かかる三周説法では、法説は上根人・譬説は中根人・宿世因縁説は下根人にむけての説法として位置づけられた。

これを承けて天台智顗の説を灌頂（五六一～六三二）が記した『法華文句』巻四上には

> 従爾時世尊告舎利弗汝已慇懃三請豈得不不説下、広明開三顕一。凡七品半文為三。一為上根人法説。二為中根人譬説。三為下根人宿世因縁説。[64]

と三周説法を明記する。さらにその考え方は、吉蔵（五四九～六二三）の『法華義疏』巻八[65]や法相宗の基（窺基）の『法華経玄賛』巻三[66]にも継承され、広く流布していった。そして日本でも聖徳太子（五七四～六二二）撰とされる『法華義疏』に、三周説法に関する言及がある。

> 則挙法説。譬喩。宿世因縁。広開三顕一。以決衆疑。令知実理。[67]

つまり、あらゆる人々に法を説く有効な方法としての三周説法に関する情報は、かなり早い段階から日本にもたらされていたと考えられる。

『霊異記』の編者景戒は、二〇例近い『法華経』に関係する説話を紡いでいる。また『法華玄賛』の作者基（窺基）は法相宗の碩学であり、唯識に造詣の深い景戒がこの書を通じて三周説法の存在を知った可能性は決して低くない。もとより、三周説法が唱導の方式として布教の現場で実際に活用され始めるのは、後代を俟たねばならないが、「譬喩・因縁」を組み込んだ説法の構成は、唱導に思いを寄せる者にとって、決して無関心でいられなかったのではあるまいか。

景戒は、下38縁において、『法華経』に基づく観音の夢の分析を行った一方で、「然るに景戒、未だ天台智者の甚深の解を得ず」（三六八頁）と自己の浅学を慚愧している。この発言は、景戒自身が「災を免るる由」を知らざることを歎いての感慨である。景戒は、「天台智者の甚深の解」こそ、災を免れる術の一つと認識していた。しかし、彼はその「術」への限りない関心を懐きながら、未だそれを手に入れていないと明言する。はたして彼のいう「天台智者之甚深解」が、何を指すかを吟味したい。一般にそれは智顗の説いた一乗教全般であると思われがちだが、「解」とある以上智顗の『法華経』解釈を示すと考えるべきではないか。したがって、その中にはあらゆる人々をして法に導く手段たる三周説法も含まれていたと考えたい。

景戒は、この下38縁の中で八〇〇（延暦十九）年の年代を記す。この時期、景戒が身を置く南都仏教界は桓武政権による峻厳なる統制に晒され、実際の還俗僧も出現した。その一方で最澄は、この翌年十一月比叡山一乗止観院に南都の十大徳を招いて『法華経』を講じ、「無戒名字の比丘も世の真宝」と主張する『末法灯明記』を撰述している。(68) 破戒僧への取り締まりの続行する状況下にありながら、景戒は「災」を除く「術」を得ていないと告白するのである。

寺川真知夫によると、景戒は「より天台的な思想に近寄り、より大乗的な立場に立つに至った」と、法相宗からの「軌道修正」を想定する。[69] しかし、師茂樹によれば、「法相教学においては『大白牛車』や『一切衆生悉有仏性』といった経文も五姓各別の範疇で会通される」という。やはり景戒は、法相唯識の五姓各別の枠内に立脚していたのだ。さらに師は、唯識派法相宗は菩薩戒や観仏三昧の実践をも包摂する豊かな宗教的世界を形成していたとする。[70] そのような豊饒な宗教的世界に根ざし、景戒は『法華経』三周説法、分けても仏縁の薄い人々に有効的に伝道する「因縁」周の存在に開眼していったのではあるまいか。だが彼は、あくまで天台智顗の解と自らとの異質性を認識していた。景戒の立脚地は、かつて朝枝善照の述べた如く、五姓各別説に基づき「少なくとも自らを不定種姓以上の者とみなして」「無性有情の得ることのできる、五戒・十善の善因を以て人天の善果を得る事を推奨」する唯識の世界に他ならなかった。[71] それゆえにこそ、『霊異記』は苦悩にあえぐ大多数の民衆に対し、冷たい差別観をもって接しているのであろう。それは、いわば彼自身の法相唯識の徒としての矜持を示す、意志の発露であったに違いない。

より多くの衆生に仏縁を結ばしめる、すぐれた唱導の技法としての三周説法。その情報を知った景戒は、それを暗黙裡に活用すべく、最も初歩の根機を対象とする「因縁」説話を蒐集していった。だが、あくまで五姓各別を説く唯識派法相宗の末徒としての自覚を持つ彼は、大乗の悉皆成仏の理念を具現化することもなく、また三周説法の援用も明言せずに、ひたすら赤裸々な「因縁」譚のみを採用し、それを単純な一因一果の道理へと収斂させていったのであろう。さらに若干の憶測を述べるならば、景戒が法相唯識の立場にありながら、数多い大乗仏典の中で特に『法華経』『涅槃経』への興趣を示した要因の一つには、このような布教形式たる『法華経』三周説法に対する憧憬の念がなかったとはいえないように思う。

五、むすび

本章では、『霊異記』を唱導の現場の視点から、仏教伝道の史的展開の中に位置づけることを課題とした。

第一に『霊異記』が唱導のための作品であることを確認する意味において、各説話の構成を窺った。いうまでもなく『霊異記』各説話は、喜怒哀楽の陰翳に富む人間を主人公とする物語であった。そして、説話の末尾の類型化を試みた結果、景戒自身の評言・経典の引用・「賛」で結ぶもの・短い感嘆のことばで終える形が、大部分を占めている。景戒自身の論評の中には、劇的に主題に誘引する表現、反語や二重否定による強意、他者との比較をするもの、感嘆詞が用いられるもの、いずれも短い感動的な結末を演出していた。また経典を引用するのは、説話の内容を仏典の価値観によって最終的に意味づける構成であろう。「賛」は、大部分四文字の偈頌で綴られており、「九分教」「十二部経」の「祇夜」と通じる特質を持つ。さらに短い感慨の表明は、逆に余韻を醸しだす効果を果たす。しかし、このような情緒的共感を大切にする各説話の終局構成は、景戒が震旦における先蹤と明記する唐臨『冥報記』や孟献忠『金剛般若経集験記』において、ほとんど披見できない。景戒は、布教現場での臨場感を第一義として、各説話の末尾を工夫していた、といえよう。

第二に『霊異記』説話が具体的な伝道の場面でどのような機能を果したかを探るべく、「因縁」と「譬喩」の特色について論じた。そして「因縁」とは、本来説法の背景となった物語をさすのであり、喜怒哀楽の感情をともなうドラマを意味するといえよう。それに対し「譬喩」は、説法の合理的理解を目的として用いられる平易で身近な例示のことである。このような異質な役割を持つ両者を包摂して、「九分教」「十二部経」という体系が成立していく。特に人間ドラマを語る「因縁＝尼陀那」の経典成立史における位置は重要であり、「九分教」から「十二部経」への増広においても重要な役割を演じ、「十二部経」中の順番でも物語性という共通項による一括りを生んだのではないか。つまり、物語としての「因縁」は、教義の合理的理解の次元を超越し、説法を人間の感性の世界に深く熏習する効果をもたらした。『霊異記』の物語こそ、まさにその典型といえるであろう。

第三には、「譬喩」「因縁」を盛り込んだ体系的布教の様式として特に日本仏教で幅広い展開を示した三周説法と、『霊異記』編者景戒との関係を考察した。『法華経』迹門正宗分の経典解釈に淵源する三周説法は、やがて「上・中・下」という人間の根機のありように即した布教形式として確立していくのである。法雲・智顗・吉蔵・窺基そして日本の『法華義疏』へと継承された、この解釈に関する知識は、おそらく景戒の耳にも達した可能性が高い。本章では、景戒が下38縁において興味を示す「天台智者の甚深の解」こそ三周説法ではないかと想定してみた。景戒は、あくまで法相唯識の五姓各別説に立脚して、因果応報の物語を紡いでいる。しかし、そんな彼が『法華経』『涅槃経』を多用し殊更に天台宗の経典解釈に対する「未得」の発言を行った一因には、より多くの人々（特に民衆）に説法する有効な技法としての三周説法への関心があったのかも知れない。『霊異記』においては、豊かな物語性を持つ「因縁」譚を展開し、感動的な結末を描出する。かかる唱導との関連の深い『霊異記』があえて三周説法について何も記述していないのは、三周説法が布教様式として未確立であったと考えるよりも、唯識の五姓各別説に基づく編者自身の、新興の教学たる天台法華宗への距離感に由来するのではあるまいか。

いずれにしても、『霊異記』の仏教伝道史上の位置づけは、「九分教」「十二部経」そして三周説法へと展開する人間ドラマを描く「因縁」という感動的物語による、説法の系譜において把握されるべきである。その系譜は、その後の日本仏教の伝道史の中で不断に継受され、様々な布教形態や文化を創出していく。その意味で『霊異記』こそ、日本仏教の伝道の原点といえるのであろう。しかし、そこには「いかに人間を描き、物語を紡いでいくのか」[72]という困難な課題が、時代を越えてつねに内包されている。現代に生きる私たちが、古代社会の所産として『霊異記』の限界を指弾するのはたやすい。しかし、『霊異記』が情緒豊かな伝道をめざすがゆえに、逆に落ち込んでしまった陥穽のあることを、今日における布教の問題として再認識していきたい。

註

（1）「唱導」の語義に関しては、後述『梁高僧伝』に基づいて検討する。また仏教の説法を何と称するかについては、頗る異称が多く、本章では「伝道」「唱導」を中心としつつ他の表現も適宜使用したい。

（2）関山和夫『説教の歴史的研究』（一九七三年・法蔵館刊三頁）及び同「『節談椿原流の説教者』序」（二〇〇七年・永田文昌堂刊一頁）。

（3）直林『日本三学受容史研究』（二〇一二年・永田文昌堂刊八頁）。

（4）仲尾俊博『靖国・因果と差別』（一九八五年・永田文昌堂刊一七六頁）、業問題専門委員会『業の問題』（一九八九年・本願寺出版社一八頁・八四頁）、杉本昭典「布教使の道を歩んで六十年」（『節談説教』第八号節談説教研究会二〇一二年一〇頁）。
（5）折口信夫「唱導文学」（折口信夫全集第四巻、初出『日本文学講座』第三巻一九三四年・改造社）において最初に使用された。一九九四年には『唱導文学研究』が創刊された。
（6）「国文学の発生　第四稿」（折口信夫全集第一巻二〇一頁）。
（7）小島瓔禮「日本霊異記と唱導文芸」（『国学院雑誌』第五九巻第六号一九五八年）。
（8）植松茂「日本霊異記における伝承者の問題」（『国語と国文学』第三三巻第七号一九五六年）。
（9）後藤良雄「『冥報記』の唱導性と霊異記」（『国文学研究』第二五号一九六二年）。
（10）高橋貢「日本霊異記説話の伝承をめぐって」（『国文学研究』第三八集一九六八年）。
（11）長野一雄「説教話としての資質」（一九八六年『日本霊異記・土着と外来』三弥井書店刊）。
（12）「霊異記説話の構造」（『国語国文』第五三巻第七号一九八四年）。
（13）「因縁の時空」（『国語と国文学』第六四巻第二号一九八七年）。
（14）『日本霊異記と唱導』（一九九五年・三弥井書店刊）。
（15）西尾光一『中世説話文学論』（一九六三年・塙書房刊）、「伝承的・重層的評論」（『国語と国文学』第四七巻第一二号一九七〇年）及び今成元昭「説話文学試論」（『論纂説話と説話文学』一九七九年・笠間書院刊）。
（16）「日本霊異記の注釈的性格」（『九州大谷短期大学紀要』第二三号一九九六年）。
（17）「奈良仏教と唱導」（『国文学解釈と鑑賞』平成一九年一〇月号二〇〇七年）。
（18）「説話の可能性」（『歴史評論』第六六八号二〇〇五年）。
（19）「五姓各別説と観音の夢」（『仏教史学研究』第五〇巻第二号二〇〇八年）。

(20)『霊異記』研究文献の蒐集については、今から四〇年前の学生時代に、目録の作成に関わったことがある（二葉憲香監修・朝枝善照・小川由美子・後藤（藤田）由美・俵（藤井）一美・早瀬（小川）豊・平野修一（直林不退）・森本（藤原）朝美編『日本霊異記研究文献目録』一九八一年・永田文昌堂刊）。その後この目録は朝枝善照によって増補された（『日本霊異記研究』一九九〇年永田文昌堂刊）。その他、露木悟義・井上正一・寺川真知夫などによる文献目録が知られる。

(21) 註(2)一二頁。

(22) 註(12)一六・一七・二二頁。

(23)「解説」(日本古典文学大系第七〇巻『日本霊異記』一九六七年・岩波書店刊)。

(24) 大須賀順意著府越義博編訳『現代文・説教の秘訣』(二〇一二年・国書刊行会刊)。

(25) 註(12)二二頁。

(26) 註(2)二一頁。

(27) 註(23)二六・二七頁。

(28)『日本国現報善悪霊異記』上巻第三二縁（校注・訳中田祝夫　日本古典文学全集第六巻『日本霊異記』一九七五年・小学館刊一三〇頁)。以下『霊異記』本文の引用はすべて中田校注本により、文末に頁数のみ注記す。

(29) 註(3)二九四頁。

(30) 同和教育振興会事務局編『ハンセン病差別と浄土真宗』(一九九五年・永田文昌堂刊)。

(31) 註(24)。その他、東保流獲麒寮・遠藤流獅子吼寮に学んだ節談説教者西河義教も「説教がながくなったらすぐ切りあげて、セリ弁に入れ」との口伝を語っている(谷口幸璽所蔵のテープ)。

(32) 直林『節談椿原流の説教者』「説教引文」参照。

(33) 渥美かをる「日本霊異記における説話の形成過程」(『説林』第一七号一九六八年)、直林『日本古

代仏教制度史研究』（一九八八年・永田文昌堂刊）。
(34) 朝枝善照『仏教文学研究』朝枝善照著作集第四巻（二〇一三年・永田文昌堂刊）。
(35)『冥報記』については、五十嵐明宝「『冥報記』に見られる因果応報の世界」（二葉博士還暦記念会編『仏教史学論集』一九七七年・永田文昌堂刊）。また『霊異記』との比較としては、八木毅『日本霊異記の研究』（一九五六年・風間書店刊）、李鎔敬『日本仏教説話の源流』（二〇〇七年・勉誠出版刊）などがある。
(36) 伊野弘子訳注『冥報記全釈』（二〇一二年・汲古書院刊三五・七五・二〇一頁）。
(37) 註(36)四三頁。
(38)『金剛般若経集験記』（前田慧雲編大日本続蔵経七四一　三九・四〇丁）。
(39) 註(28)「解説」八頁。
(40) 註(12)二五頁。
(41) 註(12)一八・二二頁など。
(42) 大正新脩大蔵経第五〇巻四一七頁C（以下「大正蔵」と略称）。
(43)『仏教文学概説』（一九二五年甲子社刊二五四・三一四頁）。
(44) 大正蔵第一二巻四五一頁C。
(45) 大正蔵第二七巻六六〇頁A。
(46) 大正蔵第三二巻二四五頁A。
(47) 大正蔵第三〇巻七五三頁A。
(48) 大正蔵第三一巻六八六頁B。
(49) 大正蔵第四五巻二七七頁B。
(50) 釈徹宗「節談の共振現象」（『節談説教』創刊号、二〇〇八年）。

(51) 大正蔵第二五巻三〇七頁B、七〇四頁A。
(52) 大正蔵第三二巻二四五頁A。
(53) 大正蔵第三一巻七四三頁C。
(54) 望月信亨『佛教大辞典』六九九・二三三七頁。
(55) 平川彰『初期大乗仏教の研究』(一九七三年・春秋社刊) 七三二頁。
(56) 美濃晃順「九分十二部経の研究」(『仏教研究』第二二・二三号一九二六年)、水野弘元「大乗仏教の成立と部派仏教の関係」(『日本仏教学会年報』第一八号一九五三年)、前田恵学「九分十二部教の基礎的性格」(『東海仏教』第六号一九六〇年)、森章司「原始仏教経典の編集形態について」(『東洋学論叢』第一三号一九八八年) などがある。
(57) 註(55)七二四頁。
(58) 註(55)七二四・七二五・七二八・七二九頁。
(59) 註(55)七三二頁。
(60) 「因縁・譬喩」(入矢義高編『仏教文学集』一九七五年・平凡社刊四二八頁)。
(61) 「『因縁』と『譬喩』と」(『国文学解釈と鑑賞』第四九巻第一一号三三頁)。
(62) 『妙法蓮華経』巻一 (大正蔵第九巻五頁C)。
(63) 大正蔵第三三巻六〇一頁A。
(64) 大正蔵第三四巻四五頁C。
(65) 大正蔵第三四巻五六八頁A。
(66) 大正蔵第三四巻六九四頁C。
(67) 大正蔵第五六巻七〇頁C、なお『法華義疏』の成立に関しては、津田右左吉から近年の大山誠一に至る数多くの偽撰論がある。一方で花山信勝そして石井公成へと続く反論もなされている。ただ景戒の時代には既にその存在が知られていたことはまちがいない。

(68) 朝枝善照『日本古代仏教受容の構造研究』朝枝善照著作集第一巻（二〇〇九年・永田文昌堂刊五九・一四六頁)。

(69) 寺川真知夫『日本国現報善悪霊異記の研究』（一九九五年・和泉書院刊）四六一頁。尚、『霊異記』と天台との関係については、渡辺守順『日本霊異記』の天台」(『天台学報』第九一号、一九九九年）がある。

(70) 註(19)三六・四七頁

(71) 註(68)二九七・二九八頁。

(72) 註(50)四頁において「宗教とは『生と死を超える物語を提示する』機能をもつ体系なのです」という。

第七章　節談が育んだ信者像―妙好人椋田与市言行録の成立をめぐって

一、はじめに

浄土真宗の伝道は、親鸞の姿勢「自信教人信」[1]に端的に窺われるように、如来の大悲の働きによって、信心を頂いた念仏者の生き方すべてが、周辺の人々に感動を与え、み教えが伝わっていく点にその特色がある。[2]やがて、教団の組織が巨大化するにつれ、同時に多数の人々に仏法を伝える場としての法座が盛んとなり、唱導の型を生むに至った。

仏教における唱導には、経典の中に「長行」と「偈頌」とが伝承されている如く、話の昂まりの場面では韻律を帯び、情感豊かに唄いあげる説法が存在した。関山和夫は、そのような「節付説教」の系譜を、「九分教」「十二部経」から「三周説法」などによってあきらかにされ、澄憲・聖覚父子による「安居院流」の唱導が浄土真宗に入って大きく開花する一大鳥瞰図を世に問われた。[3]そして、近世後期、こうした「節付説教」の伝統のうえに、後に節談と呼ばれる[4]浄土真宗独自の布教法を案出するに及び、法座は多くの民衆の娯楽をかねた聴聞の場となり、活況を呈したといえる。

今、関山の業績に導かれつつ節談の特色を要約すると、

一、日本語の特質を十分に生かし、日本人に最も適した七五調を基調としたリズミカルな美しい表現

二、宗義を踏まえ、和讃・法語を巧みに導入し、見事な美声による節まわし

三、型の伝承、「法説・譬喩・因縁」の三周説法を応用したものを中核にして、頭に讃題を置き、末尾に結勧を置く「説教の五段法」(5)

の三点になると思う。すなわち、節談は、音韻・節・構成そして身振り手振りの表出を駆使して、聴衆の感性に訴える情念の布教方法の極地を示すといえる。この内、音韻（韻文）あるところには、必ず幾許かの抑揚を生む。それゆえ、節は元来音韻と不可分の関係にあると考え一つにまとめ、節と構成法の二点をもって、節談の特徴とすべきであろう。

ところで、こうした情念の法座を縁として、どのような念仏者が輩出されたのであろうか。念仏のみ教に生きた人々を「分陀利華」「妙好華」にたとえ敬慕する伝統は、『観無量寿経』・『観経疏』そして『入出二門偈』(6)の所説に基づき広く行われてきた。真宗念仏者として生きた実在の人物達の行状を「妙好人伝」として糾合したのは、晩年石見浄泉寺に住持した仰誓によ

る『親聞妙好人伝』に淵源する。しかし、仰誓の編述した『妙好人伝』の出版が企画されたのは、彼の二十五回忌にあたる一八一八（文政元）年であった。さらに僧純（一七九一〜一八七二）による刊行が実現したのは、一八四二（天保十三）年を俟たねばならない。朝枝善照は、この間の経緯について、妙好人の物語は「唱導に利用されていたわけであるから、参考書として個人的な筆写で流布した方が都合がよい[7]」という一つの可能性を指摘された。さらに「篤信者の伝記がまとめられて行く過程や、それぞれの物語が伝えられて行く過程を窺うと、唱導師の存在や、在地での浄土真宗の伝道される状況が明らかにされなければ、『妙好人』の物語が転写されて行く実際の状況が把握できない[8]」と述べられ、『妙好人伝』が浄土真宗の布教と無縁ではないことを提言している。

そして、情念の布教技法節談の確立と、浄土真宗における理想的な信者像としての妙好人伝の出現は[9]、ほぼ同一の時代であったといえる。かくして、情念の布教法と妙好人の関係を問うべく、妙好人と称される椋田与市と節談椿原流の説教者野世溪真了[10]との交流を通じて、お同行と説教者の関係を辿りつつ、節談という情念の布教に支えられた法座を媒介として、いかなる念仏者が育てられていったかという課題を設定したい。

本章では如上の課題究明の第一歩として、最初に与市の言行を伝える若干の史料類を紹介し、言行録の編集とその出版の経緯を考察する。次に、それぞれの言行録に窺える与市像の特色を把握し、どのような妙好人としての与市の姿が顕彰され、後世に伝えられようとしたのかを探究したい。その結果として、与市の実像の一端が明らかとなり、真了との交流を窺う前提が整うといえよう。

二、与市言行録について

椋田与市は、近江国坂田郡磯村（現在の滋賀県米原市磯）に生まれ、この地で生涯を終えた念仏者であった。与市の法味愛楽の日常は、周辺の人々の間で語り継がれ、一九四二（昭和十七）年一月に至り、彼の手次寺である上妙寺(11)の当時の住職であった河村義雄によって、『是人名分陀利華―與市同行念仏抄(12)―』と題する一書が編まれ出版された。河村は、その「序」において、

與市同行の一言一行には教えられる所が非常に多い。誠に酌めども尽きせぬ甘露の泉である。今聞き伝うる所を集めて一本となし讃するに「是人名分陀利華」の祖語を以てし、名づくるに「與市同行念仏抄」となす。（刊本「序」）

と発刊の由来を記す如く、与市没後五〇年近くを経過した時代の中で、古老の口碑として伝承

されていた彼の言行を編緝したようである。

編者河村の姪にあたる上妙寺前坊守河村節子によれば、編集に際し最も多くの与市についての情報を提供したのは、生前の与市と親交の深かった山本権弥であったという。上妙寺には、「明治六年三ヶ寺常灯発起」と題する以下の七人の名を記す史料がある。

与市　権弥　磯次　新五郎　由五良　与三郎　兵次喜平

「三ヶ寺常灯」とは、明治初年不漁や不作のため、磯所在の真宗寺院三ヶ寺（上妙寺・正行寺・喜光寺）(13)の常灯明さえ維持困難な状況の中で、前掲の七名の同行が中心となり「夜なべに藁仕事をしたり、わづかの空地に菜種や麦を作って、それを油にかえて上納」するための講を組織した。そして、現在も年に一度物故講員の追悼法要を営むなど、その活動は継続している。(14)また、与市の玄孫にあたる椋田稔朗は、その常灯講にちなんで命名された心療内科の「菜の花クリニック」を開業しているという。つまり、『是人名分陀利華』は、与市と極めて親しい同信の友の聞き書を中心として編まれたわけであり、たしかに与市の言行をある程度正確に伝えているといってもよいのではなかろうか。

しかし、その一方で現在、上妙寺には、『是人名分陀利華』の校正原稿の他に、次の二冊の与市関係の言行録と覚しき写本が蒐蔵されている。

A『妙好人椋田與市伝』

B『与（與）市話記』

Aの「抜文」には次のように記す。

上妙寺ノ報恩講へ参詣記念ニ呈上

昭和四十二年十二月十七日記之

南無阿弥陀仏

濃州垂井町府中

高木実衛六十五歳拝書

右によれば、Aの資料は『是人名分陀利華』初版発行後二五年を経て、高木実衛によって編集されたようである。したがって、その内容も刊本を踏襲しているものが多い。また、巻頭の「序文」も与市在世中の事績は、『是人名分陀利華』に基づいているけれども、その没後については以下の新事実を伝えている。

ソノ墓ハ同行ラカ建之シ長ク墓地ニアリシガ、道路開修ニ当リ、今ハ明性寺ノ史派、磯村ノ上妙寺、境内ニ之ヲ移転シ、更ニ昭和九年、三月二十五日、常灯講ヨリ「是人名分陀利華」ノ碑ヲ建之シ、両碑トモニ上妙寺ノ本堂ニ向ツテ建ナラブ。与市ノ孫ニ当ル、眞次郎ハ長ク国有鉄道職員ニアリシモ、停年後ノ今ハ、六十七〜八歳ニシテ、長浜公園前ノ地へ転居シ、余世ヲ送ル。妙好人、椋田与市ノ家敷、今ハ人手ニ渡リテ、ソノ形跡ナシ、惜シイコトデアル。

右の「序文」には、同行衆の建立した与市の墓が道路改修により上妙寺境内へ改葬されたこと、一九三四（昭和九）年の常灯講による顕彰碑建碑のこと、更に子孫や住居跡の様子を窺える。つまり、Aの『妙好人椋田与市伝』は、刊本の存在をうけ「妙好人」として完成された与市像を伝えるものであり、刊本出版後の動静を示す史料になりえても、与市伝の成立や与市の実像を物語る文献とはなし難い。高木は、その後与市を含む一五名の伝記を集め、『新妙好人伝・近江美濃篇』を上梓している（一九九〇年法蔵館刊四八頁）。

一方、Bの『与市話記』は、縦二〇センチ・横一四センチの袋とじ本に二五丁にわたり墨筆（一部鉛筆書）で全三三ヶ条の与市の逸話を記している。しかし、『与市話記』自体の成立事情に関しては、何も記されていない。わずかに『話記』の背表紙には、

愛知県　中島郡　奥町

五藤　米七

との墨書がある。「中島郡奥町」は、一八九四（明治二十七）年九月一三日に旧奥村が町制を

敷きこの名称が生れ、一九五五（昭和三十）年四月一日に愛知県一宮市に編入され一宮市奥町となり、町名は消滅した。したがって、『話記』の成立年代も当然この範囲内に想定すべきであろう。尚、河村節子より「与市同行の娘さんは一宮の方へ嫁いだと思う」とのお話をお聞きしたので、「五藤米七」は『話記』と何等かの関係があるのかも知れない。

次に、『話記』に盛り込まれている与市の言行三三ケ条について、㋑〜㋙と便宜的に符号をつけ、題名のないものは（　）内で若干その内容を補足しつつ、刊本『是人名分陀利華』との対比を試みた。尚、刊本には全六二個の逸話が収録されているが、番号が付いていない。本章では、1〜62の通し番号を付けている。

表Ⅰ　『与市話記』の題名と刊本

㋑仝（私者ノ心中モ間違ウ事ニ間違ヒ無ヒト云ウ事）	42（P29）
㋺与市ノ母親ノ話	ナシ
㋩与市ノ弟幸左衛門ノ話	12（P5）
㋥与市ノ妹ノ話	ナシ
㋭朋友ノ話	44（P25）
㋬与市ノ長男ノ話	45（P26）

㋣同行ノ喜ビ話	22（P11）
㋠隣家ノ人話	21（P11）
㋷おようさん滑稽喜ビ話	61（P35）
㋦妻子ニ死ニ別レ無常ヲ感ジ安心ガ不出木為メ信者巡リ話	41（P23）
㋸与市妻ガ兄弟ノ家へ届話	57（P33）
㋾何人モ留守ノ時ヲ考ヘテハ仏檀《ママ》ノ前独話	31（P17）
㋻在家ノ報恩講ノ時ハ必ズ子供ニ話シタ	ナシ
㋕法事ニ付テ話	ナシ
㋵盗難ニ合タ節話	34（P19）
㋟不添看護人ノ話	53（P31）
㋹与市ノ兄ガ臨終ノ時話	ナシ
㋞同行ノ話	30（P16）（簡略化）
㋡与市ノ妻ノ話	8（P3）
㋧全「一号」（夏ノアツイ頃）	32（P18）の一部
㋤全「二号」（間ガアレバ仏壇）	32（P18）の一部
㋶全「三号」（与市ノシトリゴト）	ナシ
㋰全「四号」（毎年昨ノ豆ガ）	32（P18）の一部
㋒全「五号」（田畑又ハ他ニ）	33（P19）
㋼全「六号」（夜中ニ子テイテモ）	32（P18）の一部
㋨全「七号」（与市ノ死去ノ二日程）	54（P32）
㋔全「八号」（与市死去二日程前）「死トミナイ」	55（P32）

㋗仝「九号」（アル時親類ノ法事）	48（P28）
㋳仝「十号」（或時文次郎）	43（P25）
㋮仝「十一号」（磯村若シ上）	ナシ
㋘仝「十二号」（与市死三日程前）	ナシ
㋫（有ル時同行ガ）	40（P23）
㋙（鉄道出来ル時）	24（P12）

㋑から㋙を一瞥して気付くよぅに、「仝」の表記も前もしくは隣接の話と同じ引用であると解釈すれば、大部分の文章に出典が明記されている。以下その話の入手経路を分類してみよう。

与市の母　㋑㋺
弟幸左衛門　㋩
妹　㋥
朋友（同行）㋭㋣㋬
長男　㋬
隣家ノ人　㋠
おようさん　㋷
与市の妻　㋸㋡（㋧㋤㋶㋦㋒㋽㋨㋔㋗㋳㋮㋘㋫㋙）

付添看護人　㋟
不明　㋾㋻㋕㋺㋹

右の如く、『与市話記』収録の逸話は、与市の家族や周辺の人々から聞いた内容を書き記しているようである。

またその筆致の特色を窺うと、全体的に『是人名分陀利華』（以下刊本と略称）に比べて、各逸話ごとの記述の絶対量が多いように感じられる。そこで、改めて『与市話記』（以下写本と略称）と刊本において、同じ内容の話でありながら記載の異なるいくつかの事例を取りあげて比較してみよう。

㋭其ヨリハ奴私ニ　親様カラ信シテ貰ヲテル　仕合事ヲ喜コボゾト　云ワレマシタ

「信心の頂き様が足らぬ」と嘆く病気の朋友を見舞った与市の会話の最後に、写本では右の一文が附加されている。つまり、写本の構成では、刊本の場合以上に「喜び」を救いの尺度とせず、他力の信心を救いの根本に据える点を強く印象づけられる。

㋬第一お慈悲ヲ忘レテハナランゾー　お慈悲ヲ忘レテスル業　何ヲスルモ真の闇ジャー　お慈悲ニ抱レテ居ル　事ヲ知テスル業コソ間違ヒナイゾ　必ズ朝夕ハ　務メテ御慈悲ヲ味ヘサセテ貰フコソ　信宗《ママ》ノ家ニ生レタ幸福ジャ　第二ニハ　我身ヲ大切ニ気ヲ付ケテ　何様

ト交際スルモ　人様ニ後指ヲサゝレヌ様ニシテ呉レ　是ガ仏様ニ御報謝ジャ

右は、初めて行商に出かける長男に語った訓戒である。同じ話が刊本では

45第一、何事もお慈悲を忘れてしてはならぬこと。

第二、我身を大切にして、人とつき合うには、決して人から後指をさされぬようにふるまうこと。（刊本二六頁）

と箇条書きに整理されていく。一見刊本は写本を踏まえ、それを簡潔にまとめたように思われるが、全ての仕事を「お慈悲に抱れて」行なう姿勢や他人の指弾なきようふるまう生き方を「御報謝」と位置づける方向性は、写本にのみ見られる特色であるといえよう。速断は慎みたいが、写本㋬から窺える与市の人生観には、近代真宗教団の布教を規定しつづけた単純な「真俗二諦」[15]には収斂しがたい側面も垣間見られるといえようか。

㋠独リ語ヲ云フテ　御称名　声へ高々ト称ヘテ居レルヲ（中略）今日ハ形ヲ以テ宜キ御教化ニ預リマシタ　私者ハ今——何ニモ知ラヌ犬ノ児デ泣キ苦ムヲ見兼テ　今ニ親様ノ御慈悲ニ連レラレテ行クノジャ　救ワレルノジャ　ト云テ喜デ居レマシタ

㋠は、親犬を殺された三匹の仔犬が村人たちに育てられている様子を見て、感動した与市の姿を伝えている。これが刊本においては、

21これを見た与市は、涙を流していうのであった。
アー今日は有難い御教化にあづかった。何時もウカ〳〵と聴聞しているのに今日は形を見せて御慈悲の有難さを知らしていたゞいた。（一一頁）

となっている。刊本では、何故か「御称名　声へ高々ト称ヘテ居レル」与市が「涙を流す」光景に変化していく。また、写本文末の「親様ノ御慈悲ニ連レラレテ行ク」「救ワレル」との味わいがあってこそ、「仔犬」と凡夫が重なり与市のいう「形ヲ以テ」の教化の意味が鮮明に理解できるのではないか。やはり、刊本では紙幅の限界や読み物としての体裁や整合性に力点を置いたためであろうか、かなりのストーリーの簡略化が計られ、逆に話の展開自体を追跡しにくくなってしまった一面も否めないと思う。

㋦妻子ニ死ニ別レ　無常ヲ感シ　安心ガ不出木為メ　信者巡リ話

写本㋦は、刊本にもある「岐阜の糸屋調兵衛」が与市を訪れ、ご安心の要を問う話の題名に右の一文を記載する。訪問者「糸屋調兵衛」の境遇を勘案することによって、彼の真剣な求法の背景を察知できるようである。

㋡私ハ楽々ト寝テ居ルガ　今日釣銭ノ違算シタ嫁さんハ　定メシ今頃ハ思ヒ出シテ寝モ不出来ニ苦シ居レルト思ヘバ

㋡は、与市が行商先で余分に貰い過ぎた四銭の釣りを、夜中に返却に行く決心をする場面の描写である。刊本ではこの部分は全て割愛され、「そのことが気にかゝってどうしても眠れない」という平板な表現となつている。写本は、これを「与市ノ妻ノ話」として収録しているので、さすがに臨場感に富むといえよう。

㋖又　仏檀ノシヨジノヤフレヨリ　カゞ入　仏様ニトマリタル時ハ　カヲイビデヲイチラス事モ有リ

㋖では、仏壇についてのいくつかのエピソードが記されている。そして、他の全ては刊本に収録されたけれども、この本尊にとまった蚊を指で追い払った話だけは加えられていない。その理由として想定できるのは、刊本の中の以下の話との関係である。

20与市は貧乏なため先祖の年忌が来ても、親類縁者を供養することが出来なかった。夏の蚊の沢山居る頃、与市は片足出して、ワシは貧乏で、年忌が来ても供養することも出来ないから、今晩は思う存分この足を食ってくれ。

又時によるとワシは夏中にどれだけの蚊を殺すとも知れないから、今晩は充分食ってくれ。とて蚊の多い晩、真裸で仏壇の前に座っていたこともある。（一〇～一一頁）

貧しさのゆえ我が身を蚊に供養し、平生の殺生を戒め蚊に血をすわせる与市像と、㋖の蚊を追い払うイメージとは若干相違するのではなかろうか。刊本の編者は、二つの異なる与市像の中で、貧困の中での自虐的ともとれる利他行や、不殺生を重んじる点を選択する。そして、一見それらと齟齬すると受けとられがちな逸話は捨象したのかもしれない。

㋨与市ノ死去ノ二日前ノ一人事

死ダラ御本山へ参リ　親様ヤ伯父伯母様トヲーテト　申シタル事モ有リ

㋨の死の二日前の独言は、「伯父・伯母」が「祖父・祖母」に置きかえられた以外、そのまま刊本に収載された。しかし、刊本は、その直後に次のような編者の感慨とも捉えられる一文を附加する。

54その貧しくて御本山へも思うまゝに参詣出来なかった心情もしのばれて涙ぐましいものがある。（三二一頁）

これは、刊本の編者の描かんとする与市像を窺う際、重要な示唆を与えてくれる点であろう。

右の如く、『与市話記』と『是人名分陀利華』とに共通する逸話の筆致を比較することによって、写本の特質の一端を窺った。写本三三個の逸話中、二八例がその話の入手経路を明記している。特にその中の二一個は与市の家族からの聞き書であり、概してその史料的価値は高いとすべきであろう。更に具体的に検討すると、写本の方が記述が具体的であり、省略も少なく臨場感にもすぐれ、話の展開を辿りやすいようである。そして、刊本編輯の段階で、他の逸話との整合性を重視したために、若干の取捨選択が行なわれた可能性も看取できた。

したがって、写本『与市話記』の成立時期を推察するならば、少なくとも一九四二（昭和十七）年の刊本『是人名分陀利華』出版以前の可能性が極めて高い。つまり、刊本編者の上妙寺住職河村義雄は、法友山本権弥からの情報や写本『与市話記』など、複数の与市の言行を伝える史料に基づき、一冊の言行録を完成されたのではあるまいか。それでは、写本『与市話記』の成立年代に関しては、前述「愛知県中島郡奥町」の表記からは一八九四（明治二十七）年から一九五五（昭和三十）年までと漠然と把握できるのみであったけれども、写本㊆の逸話には次のような表記が存在する。

㊆某僧モ帰ラレマシタ所へ　浄楽寺老院ガ出違ニ御越シニナリマシタ

この部分は、刊本では

53与市の病篤きことを聞き近所の僧某がこれを見舞って帰ったすぐ後に野世溪師も与市を見舞いに来た。（三二一頁）

となっている。すなわち、写本では野世溪真了のことを「浄楽寺老院」と記している。長浜市余呉町浄楽寺一四世であった真了は、一八九三（明治二十六）年の与市往生の時は五四歳、住職在任中のことである。つまり、この時点で「老院」の表記はふさわしくない。その後一九〇二（明治三十五）年三月に長男真海（一八七二〜一九二三）に住職を譲り[16]、「隠居」の身として全国に布教し続けた。真了の示寂は、一九一三（大正二）年十月、七五歳であった。したがって、「浄楽寺老院」という呼称が使用された期間としては、一九〇二（明治三十五）年から一九一三（大正二）までの一一年間に限定できるのではないか。この期間を写本『与市話記』成立の年時と位置づけるのは、許される推測といえるであろう。

いずれにしても写本は、刊本に先立つ文献として、刊本編集の一素材となったと見て大過ないと考えられる。刊本の編者河村義雄がその「序」において紹介される「今聞き伝うる所を集めて」という一九四二（昭和十七）年段階での編纂作業の素材の一つに、この写本の存在があったといえるであろう。

三、写本と刊本の描く与市像

ところで、写本及び刊本は、どのような与市像を描出しようとしていたのであろうか。以下、各逸話の内容を分類して、一覧表を作成してみた。

表II　写本の逸話にみる与市像

	刊本	生活	求法・聞法	法友	不殺生	正直・勤勉	内省	よろこび	教化	本山	報恩講	年忌	内仏	寛容	実践	臨終
㋑ 間違ウ事ニ間違ヒ無ヒ心	42						○									
㋺ 与市ノ母親ノ話								○								
㋩ 与市ノ弟幸左衛門ノ話	12							○								
㊁ 与市ノ妹ノ話								○	○							
㋭ 朋友ノ話	44			○			○	○	○							
㋬ 与市ノ長男ノ話	45					○		○								
㋣ 同行ノ喜ビ話	22							○								
㋠ 隣家ノ人話	21							○								
㋷ おようさん滑稽喜ビ話	61			○				○								
㋦ 妻子ニ死ニ別レ無常ヲ感ジ	41			○				○	○							
㋸ 与市妻ガ兄弟ノ家へ届話	57						○	○								
㋾ 何人モ留守ノ時ヲ考ヘテハ	31						○						○			
㋻ 在家ノ報恩講ノ時ハ								○	○		○					
㋕ 法事ニ付テ話								○	○			○				
㋵ 盗難ニ合タ節話	34													○		

㋟	付添介護人ノ話	53						○								○	
㋹	与市ノ兄ガ臨終ノ時話								○	○						○	
㋞	同行ノ話	30			○				○	○							
㋡	与市ノ妻ノ話	8					○										
㋧	(夏ノアツイ頃)	32													○		
㋤	(間ガアレバ仏壇)	32													○		
㋶	(与市ノシトリゴト)										○						
㋰	(毎年作ノ豆ガ)	32								○					○		
㋒	(田畑又ハ他ニ)	33													○		
㋼	(夜中ニ子テイテ)	32													○		
㋨	(与市ノ死去ノ二日)	54										○					○
㋔	(与市死去二日程前)「死トミナイ」	55												○			○
㋗	(アル時親類ノ法事)	48													○		
㋳	(或時文次郎)	43												○			
㋮	(磯村若シ上)									○							
㋘	(与市死三日程前)					○											○
㋫	(有ル時同行ガ)	40								○	○						
㋙	(鉄道出来ル時)	24							○	○							
	合計			0	0	5	0	2	6	17	9	1	1	3	7	2	5

表III　刊本の逸話にみる与市像

		写本	生活	求法・聞法	法友	不殺生	正直・勤勉	内省	よろこび	教化	本山	報恩講	年忌	内仏	寛容	実践	臨終
1	与市の紹介		○														
2	求法のはじまり			○													
3	了義のもとで聴聞			○													
4	北川ようと聴聞			○	○												
5	貧しさの中で聴聞		○	○													
6	藻とりをきらう					○											
7	畑の害虫を不殺					○											
8	つり銭を届ける	㋡					○										
9	苦しい生活		○														
10	御飯の中の石								○								
11	お浄土の汽車								○								
12	仏様に信じられている	㋩							○								
13	真了随行との会話			○				○									
14	わが家の仏様を拝め				○					○							
15	名古屋育助との問答				○				○		○						

16	竹筒の花		○							○							
17	わが家で歩く本山参り		○		○					○							
18	磯山のふもとでのご正忌		○							○	○						
19	弟の殺生をいましむ					○											
20	蚊へのわが身の供養		○			○						○					
21	仔犬を見て涙	㋠							○								
22	修行僧の話	㋣							○								
23	よろこびもおいていく									○							
24	手間賃を戻した話	㋙					○										
25	田口某との後生法談				○				○								
26	正座しての法義話				○												
27	兄妹へのいましめ									○		○					
28	法座への遅参			○	○												
29	日々友に念仏すすめる				○					○							
30	死を嫌う人へのすすめ	㋞			○					○							
31	留守中のお礼	㋾						○					○				
32	生身の仏への給仕	㋥・㋤・㋼											○				
33	内仏へのお礼	㋒											○				
34	どろぼうをゆるす	㋵												○			
35	雪の中でご開山を思う										○						
36	モロダの供華							○					○				

37	食事をきりつめ聴聞		○	○														
38	野菜を買っていく同行			○	○													
39	ご開山にお通夜してもらう			○								○						
40	沈むわが身のお助け	㋗			○			○	○									
41	糸屋長兵衛との法談	㋦			○				○	○								
42	間違い　わが心	㋑						○										
43	左前の着物	㋳						○										
44	友への見舞い	㋭			○			○	○	○								
45	長男への心得	㋬					○		○									
46	われた茶碗せんたくせず														○			
47	授かった命					○												
48	親様のそば	㋗											○	○				
49	うまいことというてもあかんうまいこと				○				○									
50	常灯講のはじまり															○		
51	煩悩のしげり							○										
52	本山の表敬うけぬ							○			○							
53	よろこばぬ私	㋟						○									○	
54	死の二日前の一人ごと	㋨									○						○	
55	死にとうない	㋔															○	
56	他力全託の風光																○	
57	護信の頃の与市	㋸						○	○									

	58	59	60	61	62	合計
	真了の説教の味わい	魚をにがす	雪の夜の丸裸	気がねのない仔心	石の下に居るのは	
				ⓡ		
						8
						9
				○		15
		○				6
						3
	○					11
	○			○		15
						7
			○			6
						4
						3
						5
						2
						1
					○	5

かくして右の表II・表IIIを概観して気づく、若干の特質について論じていきたい。

はじめに、刊本に多数語られながら写本ではほとんどみられないいくつかの項目について検討する。刊本では与市の貧しい生活ぶりを八例伝えているのに対し、写本では全く記載がない。

5貧乏であった与市が耕すべき田畑を有しなかった。一月を三分して、十日は自分の耕作に、十日は他人に雇われ、十日は仏法聴聞に費やすことにしていた。(二頁)

9与市には四男一女があって家計は大へん苦しかった。(四頁)

右の如く、刊本は再三再四与市の貧困生活の中で聞法の様子を強調している。写本にこうした困窮譚が一切見られないのは、あるいは写本が磯村の同行という極めて限定された範囲で伝持されたため、与市のなりわい等に関しては自明のことであり、殊更記さなかったのかも知れない。しかし、仮にそうした史料の流伝状況を加味しても、与市の困難な境遇での聞法を顕彰したいという意図は、刊本編者の中にまちがいなく存在していたのでないか。

また、刊本では、写本に全く窺えない与市が殺生をつつしんだ逸話を六例収載している。刊本の伝える与市は、水中の微生物や田畑の害虫・青草・蚊・魚などの生命を奪うことをきらった。しかし、写本ではこうした与市像は、一切見受けられない。確かに、現実に心ならずも殺生をしなければ生きていけない市井の人々にとっては、厳格な不殺生を説く話は率直な共感をよびにくい一面もある。今、この写本と刊本の相違が何に由来するかは速断できないけれども、本尊にとまった蚊を指で追い払う与市と、蚊に裸体となって我が身を供養する与市の姿との間に、若干の温度差を看取するのはあまりに穿った見方であろうか。

写本に比べ刊本が圧倒的に多い三つ目の話は、本山崇敬の問題であろう。むろん写本にも彼が死の直前に本山参りを願った発言は伝えられており、与市の本山への思いは深かったに違いない。だが、刊本独自の竹筒の供華や家の中での本山参詣そして磯山麓吹雪の中での報恩講の逸話には、本山参拝が叶わぬ貧窮の状況下という場面設定が強められているのではあるまいか。先に指摘した本山まいりもままならぬ境涯への同情が、刊本編者の側に大きかったのかも知れない。しかし、ここに窺える「貧困」「不殺生」「本山崇敬」という信者像は、近世以来版本として流布した妙好人のイメージ(17)を踏襲するものである。与市言行録も実際に刊本として発表されるに際し、そのような方向性が加味されたといえるであろう。

一方、刊本に対して写本に数多く盛り込まれている話は、内仏への給仕と仏法をよろこぶ内容である。しかし、与市が大切に仏壇を守り生身の仏として日々給仕した様子に関しては、何例かを集約し一話にまとめる形で刊本に記載されているのだ。そのため、話数の寡多は、直接の比較対照とはならない。したがって、後者の問題の中で、写本にありながら刊本で割愛された以下の六例の与市のよろこび話を検討してみたい。

㋺与市ノ母ノ話

与市ハ我ガ母親ニ向テ　思へバ思フ程有難い事ジャー　今度ハ　参るノデハ無ク　参らせらるゝのジャゼー　私者ハ　仕合者ヤト　頃モ母親ニ話テ喜デ　居レマシタ

㋥与市ノ妹ノ話

与市ニハ一人ノ妹ガ有リマシタ　其ノ妹ハ独身者ニテ　淋敷日送リヲ致シテ居ル故　時々妹ニ向テ　奴ヤ私者ミタヨウナ　カイショウノ無イ者ヲ　仏様ガイツワリダマサシヤロカイヤト　云フテ居リマシタ

㋻在家ノ報恩講ノ時ハ必ズ子供ニ話レタ

毎年　我ガ兄弟家ノ御取越ニハ　沢山ナル甥ヤ姪ヲ集メ　必ズ左ノ話ヲ致サレルノカ　お

定リデ有マシタ　今度コソ皆カ何不自由ノナイ　極リ善シい　二度ト死ナイ所へ　連テ往テ頂ク　道中ノ今世ノ一休所ニテ　私者ハ　何ニモ不分明カラ迷フ故ニ　御開山様ガ態々御出世ニナリテ　心配スルナ　貴様ハ何ンニモ知ルマイケレド　我々ニハ　如来様ガ頃モ守テ　待テテお呉レルカラ　安心シテ休ムダケ休メ　イヤニナツタラ　御浄土へ連テ行クカラ　心配セナト　呼デテお呉レル事ヲ　御知セクダサツタ御恩ヲ忘レヌ為メ　今席へ御開山様ヲ御迎ヒ申シ　此ノ通リ御蔭様ニテ　今年モ御慈悲ヲ御聴カセニ預リ升カラ御ランクダサイト　見テ貰フ席ジャー　故ニ皆ガオトナシクシテント　御開山様ガ泣カシヤールト　話サレマシタ

㋕法事ニ付テ話

忌日勤メルノハ　死人ノ為ヨリハ　務メル者ノ為メ　お坊さんニ御経ヲ読デ貰フテ　仏様ノ功徳ニナルヨリモ　我々ガ仏説ヲ聴カサレテ　喜コバサセテ貰フカラ　我々ニ功徳ガ有ルノジャカラ　先祖ノ御蔭ヲ忘レヌ様ニ　忌日ハ大切ニ務メ子バナリマセン

㋹与市ノ兄ガ臨終時ノ話

沢山ナル縁者ガ臨終ノ病人ヲ取巻テ　看護シナガラ　身内ノ者ニ挨拶シラレタラ　与市曰ク　今ハ人デ宜イガ　一度ハ　皆ガ此ノ通リジーヤ　是ヲ忘レヌ様ニシタイモノジャ　頃

モ人事カト思フテルト　御慈悲ガワカラン　今日ハ形ヲ見テノ御教化ジャー　私者ニ挨拶スルヨリ　何カ病人ニ御礼ヲ云フテクダサイト　云ワレマシタ

㋶与市ノシトリゴト

私ノヨナミタイナ者ヲ　仏様ガ百重千重取リマイテトユウテ　御念仏ヲトナエル事　時々

右の㋺・㋥・㋻・㋕・㋹・㋶の六例の逸話は、いずれも浄土真宗の法義の要である他力廻向・絶対他力の味わいに関係する内容である。こうした一連の逸話が何故に刊本に収録されなかったのか、明確な事情は窺うべくもない。そこで考えられる一つの可能性として、仮説を提示してみたい。右の六例の話の中で㋺・㋥・㋻・㋕・㋹の五者は、与市が自ら頂いたお念仏の味わいを身辺の人に説き聞かせる内容となっている。これは本章冒頭で述べた「自信教人信」の自然な発露であり、石州の妙好人として名高い浅原才市にも朋友への「教化」の痕跡が窺われた[18]。確かに、一面において門徒同行の自己流の味わいの宣布は、制度化された教団や教化者にとって、「安心」の統制面での危険因子を孕んでいたのかも知れない[19]。しかし、その危惧の結果であろうか、刊本では与市の「法の深信」をよろこび他力の味わいを語る姿が遺憾なく現われている話が捨象されてしまい、貧しさや不殺生、本山崇敬の面のみがクローズアップされてしまったといえるであろう。もとより、こうした与市像の相違は、前述のように刊本が法友よりの聞き書を中心としているのに対し、写本では家族からの情報を用いているという、依拠した史料の性質に由来する面も否定できない。しかし、浄土真宗の念仏者の日常が妙好人の言行録という形で出版されるに際し、幾許かの変容を生んだ点だけはまちがいないようである。

四、むすび

本章では、浄土真宗の情念の布教と信者の存在を考察する前提として、妙好人椋田与市言行録の成立とその特色を分析した。与市の言行録としては、刊本『是人名分陀利華』が唯一の史料とされてきたが、今回上妙寺所蔵の新出の写本『与市話記』を紹介し、刊本との対比を行った。写本は刊本に比べ各逸話の入手経路をも明記するものが多く内容も詳細で臨場感があり、史料的価値は高いと考えられる。写本の成立年代は、与市往生の九年後の一九〇二（明治三十五）年から一九一三（大正二）年の間である可能性が高いといえよう。

そのうえで写本と刊本の伝える与市像の特質を窺うと、写本ではほとんど見うけられない与市の貧しさを伝える話や不殺生・本山崇敬の側面が、刊本における与市像の中心に位置付けられていた。逆に写本にありながら刊本では捨象されていくのは、「法の深信」ともいえる如来の廻向をよろこび、そして自ら頂いたお念仏のよろこびを周囲の人々につたえる与市の姿であったといえる。こうした若干異なる与市像描出の背景については未だ確証を持つに至っていないけれども、若干の憶測を述べてみた次第である。

註

（1）『恵信尼消息』（『浄土真宗聖典註釈版』八一六頁）。

（2）二葉憲香「真宗伝道史」（二葉憲香著作集第二巻・一九九六年永田文昌堂四二六頁）、岡亮二「親鸞と伝道」（矢田了章編『真宗伝道の課題と展望』二〇〇八年永田文昌堂刊七頁）、直海玄哲「親鸞における『自信教人信』」（『仏教史研究』第四六号五三頁二〇一〇年）、貴島信行「真宗伝道学の基礎的考察」（『真宗学』第一三七・一三八号二〇一八年）。

（3）『説教の歴史的研究』（一九七三年法蔵館刊九頁）。

（4）今日「節談説教」あるいは「節談」という用語が広く使われているが、「節談説教」なる四字熟語は、昭和四〇年代関山による造語である（二〇一〇年関山よりのご教示）。一方、「節談説教」の語源に関しては、一九一七（大正六）年刊の『説教 節談 賽の河原物語』が初見であるとの見解が尊慶典によって示された。私は「節談」という用語は、近代に入りそれまでの高座で抑揚をつけ譬喩・因縁を用いて弁ずる伝統的説教（当時はそうした布教形態が支配的であった）に対し、講義調の「改良説教」が提唱されるに至り、従前の説教と区別する必要から発生した表現ではないかと考えている。（本書第一章）

（5）註(3)著書三七九・三八五頁。

（6）『仏説観無量寿経』（『浄土真宗聖典（註釈版）』一一七頁）、『観経四帖疏』「散善義」（『浄土真宗聖典七祖篇』四九九～五〇〇頁）、『入出二門偈頌』（『浄土真宗聖典註釈版』五五〇頁）。

（7）『妙好人伝基礎研究』（朝枝善照著作集第二巻二〇一六年・永田文昌堂刊一九頁）。
（8）『続妙好人伝基礎研究』（朝枝善照著作集第三巻二〇一六年・永田文昌堂刊三三四頁）。
（9）その後の妙好人・妙好人伝に関する研究としては、菊藤明道編『妙好人研究集成』（二〇一六年・法藏館刊）、直林『妙好人―日暮らしの中にほとばしる真実』（二〇一九年・佼成出版社刊一五二頁参考文献）。
（10）直林『節談椿原流の説教者・野世溪真了和上芳躅』（二〇〇七年・永田文昌堂刊三〇頁）。
（11）上妙寺は浄土真宗本願寺派（滋賀県米原市磯）。
（12）この書は、一九五〇（昭和二十五）年再版・一九八八（昭和六十三）年三版が発行されている。私が参照したのは三版本で、現代仮名づかいを用いている。その後ご縁あって初版本を入手した（府越義博の教示）。三版本との相違は以下の五点であった。⑴旧仮名づかいを用いている。⑵４の次に９・１０が配置されている。⑶３２と３３が一つの話になっている。⑷６２がない。⑸発行所が「百華苑」ではなく「上妙寺」であった。思えば、初版本が太平洋戦争開戦直下の出版であるにもかかわらず、戦時色が見られないのは編者河村義雄の姿勢のあらわれであろうか。
（13）正行寺・喜光寺は真宗仏光寺派（米原市磯）。
（14）『米原町むかし話』（一九七六年米原町社会福祉協議会刊・一八頁）。今日の「常灯講」法会では、明治期の仏光寺派宗主よりの「消息」が拝読され、二座四席の法縁が営まれている。二〇〇九年十月の法要にはご縁にて筆者がお取次ぎをさせて頂いた。
（15）福間光超「真宗における『真俗二諦』の形成」（『日本仏教史論叢』一九八六年・永田文昌堂刊）七四五頁、山崎龍明『真宗と社会―「真俗二諦」問題を問う―』（一九九六年・大蔵出版刊）。尚、妙好人の倫理観を論じた研究としては、菊藤明道『妙好人伝の研究』（二〇〇三年・法藏館刊）二一三頁がある。

（16）「野世溪真海　略履歴」（長浜市余呉町東野　浄楽寺蔵）、野世溪朝の教示による。

（17）柏原祐泉「幕末における『妙好人伝』編纂の意味」（朝枝善照編『妙好人伝研究』一九八七年・永田文昌堂刊四九頁）、朝枝善照「初篇『妙好人伝』の一考察」（同書一三〇頁）、龍口明生「仰誓の妙好人観」（同書一八五頁）、大桑斉「仰誓の立場と『親聞妙好人伝』」（同書一三五頁）、林智康「妙好人の研究」（同書一六二頁）、土井順一「妙好人清九郎伝の問題」（同書二三三頁）、児玉識「『妙好人伝』小考」（同書二六〇頁）、有元正雄『真宗の宗教社会史』（一九九五年・吉川弘文館刊）二〇五頁などの研究がある。

（18）朝枝善照「浄土真宗の聴聞と伝道」（『続妙好人伝基礎研究』註（8））五五二頁。

（19）『金子大栄随想集』第六巻七八頁。（本書第三章八七頁参照）

第八章　節談説教者と妙好人

一、はじめに

「妙好人」と称される浄土真宗の「理想的」念仏者像の歴史的性格に関しては、これまでに種々論じられてきた[1]。朝枝善照は、妙好人が生まれ、「注目される経過には、その背後に勝れた指導者が見られる[2]」と指摘する一方、「仰誓の編集した『妙好人伝』が実際に刊行されたのは天保年間のことであり、その間、数十年の間は、唱導師の『手控』として所蔵されていたようである[3]」と推定された。そして、朝枝の翻刻紹介された『唱導師手控』の原本には「物語に朱点が施されて」おり、「ある場合には、節談にも利用された[4]」可能性も窺えるという。

右の知見を敷衍する時、妙好人と節談による唱導には、かなりの深い係わりが存在しているのではないであろうか[5]。本章では、妙好人の一人として知られている椋田与市と節談椿原流の説教者野世溪真了との交流の様相を跡づけ、妙好人と節談説教者との関係を究明してみたい。これまで、如上の課題解明の前提として、妙好人与市言行録の成立とその特色を分析した。その結果、今まで与市の言行を伝える唯一の史料とされてきた上妙寺前々住職河村義雄編の刊本『是人名分陀利華―與市同行念仏抄―』の編纂材料の一つと考えられる写本『与（與）市話記』（上妙寺所蔵）(6)の存在が明らかとなり、両書の描く与市像の齟齬について検討することができた。こうした微妙な与市像の相違は、刊本が法友よりの聞き書を中心としているのに対し、写本では与市の家族からの情報を多く用いているという、両者の依拠した史料の性質に基づくと思われる。しかし、刊本の出版に際し、妙好人像に幾許かの変容を生じた側面もまた看過できないといえよう。(7)

そこで本章においては、刊本・写本二つの与市言行録に窺えるいくつかの逸話を通じて、与市と真了との具体的交流の諸相を辿ることから始めたい。次に、真了の自坊浄楽寺(8)に所蔵される史料を分析して、真了の捉えた与市像の一端なりとも明らかにしていきたいと思う。そのうえで、言行録にみる与市の法義の味わいを物語る若干の逸話を通じて、与市の仏法の味わい方は、どのような説教による「お育て」を蒙ったのか。現存の真了やその兄である椿原了義の説教の記録と対比しつつ、与市への影響の可能性を探っていこう。

二、野世溪真了と与市との交流

与市が聴聞した師について、刊本『是人名分陀利華』は次の如く記す。

3与市を引き立てたのは椿原了義師（滋賀県坂田郡六荘村字高橋の真福寺）であった与市二十歳前後の求法時代には一日中働いて疲れた身体をも省ず、二里計りもある高橋の真福寺まで法を聞きに通うこと百夜にも及んだという（冒頭の数字は直林が便宜的に付したもの以下同じ、また文末に（二頁）と刊本の頁数を記す）。

椿原了義に関しては、『真宗本派学僧逸伝』に以下の記載がある。

天保三年近江真福寺に生れる。幼にして頓悟、長じて才幹あり、曽て宝雲に師事して宗乗を学ぶ。後に布教を以て、己が任として遊化に暇なく、明治六年大教院が設置された時、神官・僧侶が東京に雲集したが了義の雄弁に優るものはなかった。後に権大講義に補せられた。明治十二年十月二十五日寂。四十八才。〈下略〉[9]

このように一八七三（明治六）年大教院にて居並ぶ諸宗教の布教家を前に出広長舌、「布教王」の名声を恣にした了義のエピソードは名高い。また、一八七七（明治十）年近江の素封家の依頼を受け法演に招待された際、事前に大枚の「法礼」を要求、施主の真剣な聴聞を促した後に改めて返金した「お礼の先取り」の逸話[10]からも、了義の卓越した布教の資質が窺えるといえよう。

与市は、一八四一（天保十二）年正月の生まれであるので、二〇歳前後の一八六一（文久元）年頃は、九歳年長の了義は三〇歳に近づく年齢であった。実際、与市の自宅がある坂田郡磯村（米原市磯）から坂田郡高橋村（長浜市高橋町）の真福寺までは、現在の道路を使った場合七、六キロ余、約二時間弱の道のりである。むろん「百夜にも及んだ」という表現には、親鸞の六角堂参籠や吉水入室に因んだ些かの誇張も込められており、与市の求法が丁度百日であったかは別として、道を求めての真剣な聞法の日々が続いたことだけは確かであろう。

一八七九（明治十二）年十月かけがえのない聞法の師であった了義を喪った与市は、了義の実弟であり椿原流説教の継承者たる野世溪真了の法乳に浴することとなった。

13椿原師の弟野世溪真了師はよく与市を訪れ、与市は亦よく野世溪師の法話を聴聞したものである。或時与市が野世溪師の説教に参りその居間を訪れた所、師は不在にて師の随行某（現存の人）一人ありて「与市御安心は確かかい、お浄土参りは大丈夫かい」と。与市は無言でうつむいていている。随行者の再三の催促に、漸く与市は口を開き、「ワシの力で行けたらなあ」と言ったきりで後はポロポロと涙を流していた（六頁）。

右によれば、真了の説教終了後、与市は真了の居間を訪ねている。そして、おそらく与市の来訪は信心上の問いの解決のためであったにちがいない。一般に今日節談と呼ばれる高座説教の場合、布教使による一方的唱導が中心であったと、捉えられがちである。かつて朝枝が指摘した唱導の後にお同行があれこれと信仰について語りあう「法話」(現在の「話し合い法座」のようなもの)[11]や、こうしたお同行からの質問の存在もまた、節談による法座機能の一面であったといえようか。与市の「御安心」の確かさを詰問する随行の僧に対し、遂に与市は自分の力では浄土まいりはできぬと涙ながらに自らの領解を披瀝していく。「わがはからいにてまいる浄土ではない」との教義は、与市の心中に深く刻まれていたことが窺える。

37ある時村の寺で三日間野世溪師の説教があった。与市は是非参詣したいものと、畑の野菜物を沢山こしらえて長浜へ売りに行った所、思うように金がとれなかったので已むを得ずその金でオカラ(豆腐のかす)を沢山買って来て妻に向かい、「こゝ三日間、お説教の間中はこれでこらえてくれ」といえば、妻もすなおに承知した。かような貧乏な有様を見て、人々が同情して「この世は随分辛い所じゃね!」といえば、与市曰く、それでもナー、仏法を聴かして頂くことが出来て幸せなことじゃ(二一～二二頁)。

37は、刊本に再々登場する与市の困窮生活の中での聞法を伝える逸話の典型である。食費を稼ぐための行商を休んでまでの聴聞の姿を見た周囲の人々の同情に対し、あくまで聞法のできる身の幸せを語る与市。それをどう位置づけるかは、妙好人的信仰[12]の特質として多角的に論じていく必要があるであろう。

38与市は、時々野菜売を兼ねて野世溪師の寺へ詣でた。野世溪師の村へ着いた頃、寺に法要が始まってあると、野菜物を向拝においたまゝで参詣した。村の人々も与市が参ったことを知って、誰となくその野菜物を買って行き、法要が終る頃には、野菜物は皆売れてしまって、そのあとには売って歩くより沢山の金が残っていたという（二二頁）。

38の逸話によれば、与市は坂田郡磯村（一八八九年以降は入江村字磯・現米原市磯）から伊香郡東野村（一八八九年以降片岡村字東野・現長浜市余呉町東野）まで三十キロ以上の道程を、おそらくかなりの時間をかけて、野菜を売り歩きながら参詣したのだ。与市の聞法への情熱もさりながら、そうした与市の求法姿勢と人間性に共感したであろう浄楽寺周辺の村人達が、黙って野菜を購入する[13]温かい心情には胸を打たれる。

39或る年野世溪師の寺の報恩講に参ったが夜、皆のものがお通夜しているのに与市独りはグーヾと寝てしまった。他の者が不審に思ってゆり起すと、与市曰く、お前等は御開山のお通夜をしてあげてくれ、ワシは御開山にお通夜して貰うから（二二頁）。

39は、浄楽寺報恩講通夜の折のエピソードである。「頑張って通夜するのではない。ご開山（親鸞）に通夜していただいているのだ」という与市の味わいは、まさに広大無辺な他力に身を委ねた姿に他ならない。そして、このような浄楽寺参りのお同行との忌憚ない交流があったからこそ、38に見る野菜を引き取ってくれる人間関係が構築できたのであろう。

53与市は明治二十六年三月二十四日五十三歳で死んだ。その時の病気は背中に瘍のようなものが出来て大へん苦しかったらしい。与市の病篤きことを聞き近所の僧某がこれを見舞って帰ったすぐ後へ野世溪師も与市を見舞いに来た。与市、師に向って曰く只今僧某が来て大へん私を困らせて帰った所です。師その故を尋ねるに与市曰く私は病気がつらくて喜ぶ所ではございませぬ。それに今の坊さんは臨終もいよいよ間近くなったのだから、トリツメテ御慈悲を喜べゝと、喜ばぬ私をキツウお叱りでございました。と、後はしづかに念仏をしていた（三一頁）。

この内容は、写本『与市話記』にも、㋟「付添看護人ノ話」として次のような形で伝えられている。（記号は直林が付したもの(14)）

㋟付添看護人ノ話　　与市が死病ノ際ニ　某僧が見舞ニ来テ曰ク「聴ケバ今度ハ余程ノ由ジャガ　定メシツラカロウ　然シ最少時ノ間ジャカラ勤メテ喜コバシテ貰ヲゾ」ト云ヒマ

シタラ　与市ハ「ハイ」ト返事ヲシタキリ無言デ有リマシタ　少時スルト　某僧モ帰ラレマシタ所へ　浄楽寺老院ガ出違ニ御越シニナリマシタラ　病人ハ顔見ルナリ老院ニ申サルニハ「只今某曽《ママ》ガ来テ　私ヲイジメテ帰ヒラレマシタ」ト云ハレマシタラ　老院曰ク「何ト云フテイジメタカ」ト尋子ラレタラ「平日デ際へ喜コベヌ私ニ　此ノ場ニ至テ『最少時ジャーカラ心棒シテ喜コベ』ト　イジメテ帰ラレマシタ」ト話シテ居レマシタ

写本㋟を刊本53と対比すると、「某僧」と与市そして与市と真了のことばのやりとりを逐一正確に記録している点に気づく。つまり、㋟のように伝えられた内容をなるべく簡潔に整理したのが、53の文脈ではないだろうか。したがって、刊本に比べ成立年代も古く資料的価値の高いと考えられる写本においても、僅か一例ではあるけれども、与市と真了の交流の様子を記しているのだ。かくして、刊本に七例披見できる了義・真了と関連する逸話には、史実性を看取してよいのであろうか、若干検討していく。

確かに、それら七例の物語の内で僅かに㋟の一例のみしか写本に登場しないのは、奇異の感を否めない。既に第七章で若干言及したように、写本の三三個の逸話の中で二一例が、与市の家族から入手した内容となっている。また、写本の全逸話の内、法座の様子を伝えているものは一例もなく、「布教師」が登場するのも死を忌み嫌う「農業家」を寺へ同行し説諭してもらう話（ソ）だけである。一方、刊本の成立に際し最も多くの情報を提供したのは、与市と親交の深かった山本権弥という法友であったという。さらに、刊本には一二個の仏法の師や法座に関する物語を収載している。その中で写本と共通するのは、前掲の真了の見舞いの話しかない。つまり、写本は「家族を通して見た与市像」を中心としており、刊本では「法友の眼に写った与市の姿」が重きをなしていたのではあるまいか。[15] そして、真了と与市が接点を有するのは、大部分法座という仏法聴聞の場を通じてであった。したがって、結果として真了との交流の物語はほとんど写本には記載されず、僅かに病床見舞いの場面での光景が「付添看護人」の見聞という形で写本に盛り込まれたといえよう。さらに、写本㋟では、野世溪真了のことを何の注記や紹介もなしに「浄楽寺老院」と気軽に呼びならわしている。このことから考えても、与市と真了との深い交誼の様子は、周囲の人々にも充分熟知されていたのではないか。それゆえ、刊本の伝える七例の物語は、たとえ写本の裏付けを欠くとしても、概ね歴史的事実を示すと捉えてよいと考えられる。

58或る時野世溪師が説教の上で「真実信心の行者は何時思い出してもお浄土を待ち受ける心持ちがある」と。それを聞いていた与市は説教が終ってから師の座敷へ行き「私には仲々お浄土を待ち受ける心持ちがありませぬがこれはどうしたものでしょうか」と。師曰く、

「旧藩時代に彦根の牢屋に沢山の囚人が入れられていた。或時殿様に御慶事があって特赦の恩典の沙汰があった。これを聞いた囚人の中にはうれしくて〳〵夜も眠られない者もあったが、中には平気で高鼾でねている者もあった。しかし翌朝時刻が来るとどちらの者も同じように牢を出してもらった」と。与市はこれを聞いて大へん喜んだということである（三三〜三四頁）。

58は、真了の説教を聴聞した与市がその内容を質問にいく話であり、前掲13と同様の光景を伝えているといえよう。「浄土を待ち受ける心」のない自分の姿を正直に告白する与市に対し、真了は江戸時代の「特赦」の譬喩を用いて、その疑問に答えていく。あたかも『歎異抄』第九条の師弟の問答を彷彿とさせる二人のやりとりであるが、この話は与市の仏法の味わいを遺憾なく伝えると共に、真了の説教が身近な譬喩・因縁を駆使して、お同行に感受されていく実例を示す点で極めて興味深い。

右のように、七例の刊本及び写本に見られる、椿原了義・野世溪真了という二人の説教者と、与市との交流の物語を紹介してきた。与市は了義・真了兄弟の法演をまさに不惜身命、熱心に聴聞するのみならず、個人的にも深いつながりを結んでいった。真了と与市の二人の共有する宗教的境地は、随行者や他の同行さらには近隣の僧といえども容易に介入でき難い肝胆相照の結びつきであったといえる。そうした二人の強い法の絆は、周辺の人々にもよく知られるところであり、さりげない支援がなされている点も黙過し難い。そこで次に角度を変えて、真了の自坊浄楽寺に所蔵される史料の中で、与市に関係あるものを若干紹介し、真了の側から見た与市との関連を辿ってみよう。

三、浄楽寺文書に見る与市

浄楽寺に蒐蔵される真了の布教日誌は、一八九一（明治二十四）年から以降の記録である。(16) したがって、与市存命期間と重なるのは、僅か二年しかない。そこで、与市が真了の説教をどの程度聴聞したかは、正確には把握できない。しかし、一人の布教使の出講会所は、おおむね急激に変化するわけではないので、布教日誌に見る真了の磯上妙寺での法演の回数をまとめてみた。

一八九三（明治二十六）年一月一〇日～一二日　　一八九五（明治二十八）年二月一二日～一三日　讃題　大聖世尊ノ章　　一八九六（明治二十九）年五月六日夜　一八九九（明治三十二）年七月二九日～三〇日　讃題　金剛ノ信心バカリノ御消息　　一九〇五（明治三十八）年五月三日～四日　讃題　願力成就ノ報土　　同年一二月二五日

～二八日　讃題　出家発心章

一九〇七（明治四十）年一二月二五日～二八日　讃題　願力成就ノ報土ニハ

一九〇九（明治四十二）年四月八日～九日　讃題　五帖目四通目　磯婦人会

一九〇九（明治四十二）年四月一〇日一一日　讃題　五帖目四通目　同与市法会〈十七回忌カ〉

一九一二（明治四十五）年二月一日～三日　讃題　四十八願成就シテ[17]

真了の上妙寺への出講は、日誌の現存する時期に限定しても一〇回に及ぶ。また、当時上妙寺の本坊であった彦根職人町明性寺[18]への布教は、この間一五回であった。こうした両寺との緊密な関係は、真了の後半生に突如として構築されたとは考え難く、布教日誌の存在しない前半生にあっても、与市周辺への出講は数多く行われていたと見て大過ないであろう。さらに与市は、刊本言行録にも窺えるように、あちこちの法座へ参詣し聴聞の縁を持った、という。こうした手次寺の枠を越えた熱心な聞法は、与市に限らず篤信な同行にあっては種々見うけられるほどに、習慣化されていたのだ。まさに坂田郡から彦根にかけての地域への巡錫は、真了の布教日誌に数多く記載されており、与市が真了の説教を再三再四聴聞していたとの刊本の記述は、浄楽寺文書によっても傍証できるといえよう。

そして、真了の布教日誌第一冊目には、一八九一（明治二十四）年二月二三日に、

磯村与市招待相勤ム

との法座開筵の記事がある。篤信な同行が施主となり、自宅を開放して自ら聴聞し周囲の人々にも聞法の縁を結んでもらう在家法座は、真了の布教日誌にも再々登場する如く、当時広く行われていた。日誌の巻末には、真了自身の備忘録的意味あいを持つ「法礼記」が附加されている。その記述によれば、「壱圓　同与市」とあり、二月二三日の与市の進納した「法礼」は「壱圓」であった、と判明する。懇志の額を公開批評するのは本来慎しむべきことであろう。しかしこの金額は、前後の個人進納記載がほとんど何銭単位の額であり、同年五月九日より二日間営まれた福岡県感田村（現在の直方市感田）の香月半七が「祖先ノ百年忌」として勤修した法会の謝儀が十円であった[19]ことなどを勘案すると、決して少額ではない。与市にとって真了の招待は、人生最後かつ最大の法縁であるとの心意気で開筵した法座ではなかったか。このように与市自身による在家法座の開演は、写本言行録⑦の在家報恩講の時の逸話と同様に、妙好人与市なりの精一杯の「教人信」の発露として位置づけられるといえよう。

ところで、写本刊本共に掲載する物語として、病床の与市を真了が見舞った際のエピソードが伝えられている。与市の臨終は一八九三（明治二十六）年三月二四日のことなので、幸い布教日誌が現存しており、真了の動静を窺うことができる。そこで一八九三（明治二十六）年一月～三月にかけて、真了が米原付近を通過した事例を検証しておきたい。

(い)一月七日～九日　世継村護法会引立　(ろ)一月一〇日～一二日　磯村上妙寺

(は)一月一七日～一九日　梅ヶ原村源隆寺　(に)二月二二日～二六日　高宮円照寺

(ほ)三月五日　一番汽車ニテ発途　大垣着

(へ)三月一三日　昼夜岐阜川原町松井三治郡方ニテ在勤　一四日午前六時四三分の汽車ニテ自坊へ引取

(と)三月一六日　一番汽車ニテ上京一日滞在

右の(い)～(と)の内、(ほ)・(と)は一番汽車を利用しての強行日程で用件もあったと考えられるもので、途中下車は想定しにくい。(に)は、彦根からの距離と三月三日犬上郡川合村にて説教をしているところから考えると、まだ巡教中の身の上でもあり、来訪は無理であろう。(い)・(ろ)・(は)は共に、与市宅近くの布教であるが、果して臨終間近かの時期と言えるかどうか疑問の残るところであろう。それに対し、(へ)の三月一四日岐阜での用務を済ませ、余呉への帰途、米原で汽車を降りてわざわざ立寄った可能性が最も高いのではあるまいか。つまり、真了の見舞は、与市の往生一〇日前のできごとであり、上妙寺や近郷の会所への布教のついでになされたのではなく、途中下車をしての来訪であったと考えられる。

浄楽寺所蔵の「寄附人名簿[20]」という記録には、年代不詳ながら坂田郡磯村の一五人の同行名が記されている。

中川由五良　金二十銭　　椋田与市　　金十銭

中川由五良は、上妙寺所蔵の「明治六年三ヶ寺常灯発起」に与市とともに名を連ねる「由五良」のことであり、与市の日常に関する情報を提供した人物であった。[21]「常灯講」とは、明治初年度重なる不作によって存続の危機に瀕した、磯集落内の真宗寺院仏前の日々の灯明の維持を目的として、結ばれた講社である。ここにも、与市の信心の社会性が垣間見られるようだ。そして、やはり真了と与市周辺の法友たちの間には、浅からぬつながりが存在していたと思われる。

一方、真了の長子でその布教を継承した野世溪真海の布教材料の「手控」（野世溪朝編「滋賀県余呉町浄楽寺所蔵写本目録」II⑥の「無題」）には、欄外に「与市」と記す以下の逸話が盛り込まれている。

外来ノ客ニ対シ□□公（＝念仏・部分合字）斗リ称ヘテ御法義ノ話ヲセス　何カ聞シテ呉レト言タラ　仏壇ヲ開テ正信偈ヲ読レタ

これは、写本・刊本にもない内容であり、おそらく真海が師父真了を通じて聞き取った与市のエピソードといえるであろう。だが、多数存在する真了の「手控」類には、与市の動静が一切記載されていない。これは、実際没後一六年後の「法会」に出講する程に深く交流した身近な同行の日常や法義相続のありようは、真了にとってわざわざ筆記しておく必要もない位鮮烈な記憶であったためかも知れない。それゆえにこそ、与市往生の折には弱冠二一歳であった真海の時代になって、はじめて布教の素材として与市の逸話が記録されるに至ったのではないだろうか。

かつて朝枝は、『妙好人伝』が説教の素材として私的に筆写されていった可能性を指摘された。私も、高座のうえから語られる妙好人の物語を聴聞した人々の中から、新たな妙好人が育っていくという連鎖について述べたことがある。[22] 浄楽寺文書の説教「手控」の中から、僅か一例ではあるけれども、与市を布教の因縁話で紹介するためのメモの存在が明らかとなったことは、前述の節談と妙好人との関係を実証する史料として興味深い。

浄楽寺文書に窺える与市像は、決して豊かな内容ではないけれども、前述のように真了の説教を永年聴聞した可能性や、精一杯の「法礼」を準備しての在家法座の開筵、臨終間近の真了の見舞の日程の裏付け、そして与市・由五良の喜捨の記録など、いくつかの興味ある事実を垣間見ることができた。さらに、そうした与市のエピソードが、次代の真海の説教「手控」に登場するのは、与市が「理想的」念仏者像の典型として法座の場で語りつがれていった証拠ではないか。そこで、以下そうした与市の仏法の味わいがどのような布教によって育てられたのか、若干分析してみよう。

四、与市の言行と椿原了義・真了の説教

与市の言行として伝えられている中で、彼のご法義の味わいを如実に窺えるのは、次の発言ではなかろうか。そこで、刊本写本にある与市のことばからどのような教学的特色が窺えるのかを検討してみた。

〔刊本〕〈存○は写本と共通・極似する内容〉

12仏様に信じられているから楽じゃ。存㈧
14信心じゃ安心じゃとあちこちよその方まで捜しまわることは要らんことや。

15ワシはそこ（＝胸・付直林）は明るくても暗くてもかまはん。

23喜んでいる心も娑婆に置いて行かねばならぬ。

25そんな時（＝命が終ったとき・付直林）まで待っておく親でもなかろう。

31アー、今日も申訳がございませぬ。悪いことゝは知りながらやめもせず、善いことゝ知り

ながら行いもせず、まことにお恥かしいことでございます。存㋾
39お前等は御開山の御通夜をしてあげてくれ、ワシは御開山に御通夜して貰うから。
40お互の必ず沈むに間違いのない姿じゃ。お仏壇をあけて見て、仏様が立っておいでになったら、お助けに間違いない。存㋫
41ワシは御文章の中に、雑行や雑修や自力の心をふりすてゝ弥陀をたのめとおっしゃって下さることを有難く喜んでいます。存㋦
42ワシ等の心中は間違うにちがいないということに間違いはない。存㋑
44お互の頂きよう位は足らぬかてどうでもよいではないか。足らぬ所は親様がよいようにして下さろうから。存㋭
49「うまいこと。うまいこと。というてもあかんうまいこと」（与市の領解）
56お浄土へ参って親様に聞いてみねばわからぬ 存㋘
57アー、御勿体ないことでございます。お慈悲があればこそ 存㋸
58私には仲々お浄土を待ち受ける心持ちがありませぬ
〔写本〕
㋺思ヘバ思フ程有難い事ジャー 今度ハ参ルノデハ無ク 参らせらるゝのジャゼー 私者ハ

仕合者ヤ

㊁奴ヤ私者ミタヨウナ　カイショウノ無イ者ヲ　仏様ガイツワリダマシヤロカイヤ

㋻私者ハ　何ニモ不分明カラ迷フ故ニ　御開山様ガ　態々御出世ニナリテ　心配スルナ　貴様ハ何ンニモ知ルマイケレド　我々ニハ　如来様ガ頃モ守テお呉レルカラ　安心シテ休ムダケ休メ　イヤニナッタラ御浄土へ連テ行クカラ　心配セナト呼デテお呉レル

㋕我々ガ仏説ヲ聴カサレテ　喜コバサセテ貰フカラ　我々ニ功徳ガ有ル

㋹頃モ人事カト思フテルト　御慈悲ガワカラン

㋶私ノヨナミタイナ者ヲ　仏様ガ百重千重取リマイテ

かつて、写本と刊本を比較し、写本に存在していた、お念仏の味わいを与市が周辺の人に語りかける内容の五例が、刊本に盛り込まれていないと指摘した(23)。しかし、右に両者の筆致を掲出した如く、与市の領解そのものの特色に関しては、写本と刊本と大差ないのではなかろうか。ただ、専門的宗学の知識を有する僧侶によってまとめられた刊本の方が、教学的に整理された文脈になっていると考えられる。

右に掲出した与市のことばを通覧してまず気づくのは、15・23・25・39・44・58・㋺・㊁のような、徹底的に自力心を否定する与市の味わいの姿勢ではないか。与市は、わが機の「明暗」「喜こんでいる心」、そして「お浄土を待ち受ける心」までも、救済の条件とはせず、悉く否定していく。与市にとってあくまで他力廻向「親様」のおはからいのみが、真実であったのだ。それは奇しくも与市自身が41で吐露するように、「雑行雑修自力をすてて弥陀をたのむ」との仰せに従うことであり、また、如来のお慈悲をただ「うまいこと」と受けとる領解にも通じる。もちろん、こうした全分他力の風光は、他の妙好人や真宗信者の味わいの特色として広く見うけられるところである。しかし、与市の場合、それが彼の仏法領解の深奥に貫徹する基調であったといってもさしつかえない。

こうした与市の信心の特質は、どのようにして培われたのであろうか。いうまでもなく、自ら「字を知らぬ（刊本）」という与市にとって、唯一の仏法に出遇う場はご法座であり、説教聴聞と布教使や同行との交流のみが、仏法の味わいを深めるご縁であったのだ。

そこで、与市が永年聴聞した了義・真了の説教の内容と、与市の発言とを対比し、共通する側面の有無を検討してみよう。真了の説教全篇を記録した写本としては既に『帖外和讃談録』四会分を翻刻紹介した。(24) それ以外に浄楽寺には未発表の真了の説教一三席全篇の台本として、『信心獲得章説教』一巻（「滋賀県余呉町浄楽寺所蔵写本目録」I説教類一）が蒐蔵されている。野世溪朝住職は、この真了自筆の台本五九丁の全文翻刻作業を完成された。

a空テカタメタ此ノ身ナレトモ　頂ク御慈悲ハミタノ本願　聞ク其ノシリカラ忘レル心ノ其ノ中へ　ワスレテ下サレン御慈悲一ツカ夜カ明テ　便《ママ》リナキ此ノ身ニ便リニナリテ下サルゝハ　此ノ南―仏（南無阿弥陀仏の略記）ノ御謂レシヤモノ何トシタ仕合セヤラ（一五丁）

b今ハヤフゝ御慈悲ノ御念力ニ引立ラレテ　カゝル仕様ノナヒ私ヲ　此儘ナカラ助ケルトアル　弥陀願力ノ不思議ソト（二七丁）

c聞事モ不足喜フ事モ不足　チツトモ天窓ノ上ラヌ不足ナ私へ　余ルモノハ間違セヌノ御慈悲バカリ　タラン私へ余ル如来ノ御大恩（三〇丁）

d願モイラヌ　行モイラヌ　煩悩ヲ止ムル生活モイラス　真実聞ハカリナリ（七一丁）

e聞ハキクホト我身ノ浅間布事カ知レルニ付テ　御慈悲ノ深ヒ事カ知レ　イヨゝゝ罪モ障モコレナリテ　スクヒ取ロフノ御本願ニ疑ヒ晴レ　早ヤ往生ノ夜カ明テ（七二丁）

このa〜eの説教は、与市の15・23・25・31・40・44・58・㊁のことばと相通じる面があるといえようか。また、「この機の儘のお助け」という味わいは、『帖外和讃談録』の末尾の一文

見テ来ヌ浄土カ当ニナリ　生身ノ如来サマハ　拝ンタコトハナケレトモ　唯今命チ終リマシテモ　此機ノ儘ノ御助ケト　安堵ノ思ヒカラ（拙著八九頁）

とも同じ領解に根ざすことは云うまでもない。そして、真了の説教を記録した『猟漁章説教[25]』

刊本には、次のような「三業帰命」説についての言及がある。

・三業の働借にや出来んのなら手間が入るが、身業所か、口業所か、意業の働まで入らぬ、唯思召一つを聞計じや。

・意業の働も入ぬ、微塵でも意業の働きを交へるのなら他力とは云はぬ。

・信明院様が『タスケタマヘトイフハ、タヾコレ大悲ノ勅命ニ信順スルコヽロナリ』信とは疑ハズ、順とはさからはず助けてやらふの仰せを疑はず逆はぬのなら、助けたまへは、仰せのまゝに順ふばかりぢや。

・信明院様は、寝食を忘れて、御裁断あそばされたる御消息の中に（中略）、信順の二字を以て、タスケタマへと御諭し下された。

・去る明治二十二年の頃に、或一派に於て、タスケタマへは請求の儀で、仰せに順ふた中に、どうぞの思ひが無けにや、助けたまへに成らぬのぢやと、

・信明院様は『タノムモノハ決定往生シ、タノマヌモノハ往生不定』と仰せられた。

右の各条項によれば、真了の説教では衆生の側の「信心」そして「浄土を願う心」までも「意業」の一部と捉え、全て「自力心」であると否定していく。つまり、如来の「助けてやらふの仰せを疑はず逆はぬ」「信順」のみが、他力救済の成立要件とされたわけである。こうし

た信心理解は、三業惑乱後の安心の統一過程において、最も重要視されたテーマであった。

三業惑乱に関しては、真了の兄椿原了義の三種類の説教本の存在が知られる。

『御裁断御消息法話』一巻

『裁断申明御消息説教』三巻

『タノムタスケタマへ略弁』一巻[26]

これら三種の説教本は、了義の布教を記録した版本全十余種の中でも、かなりの分量を占めるものである。つまり、椿原流説教にとっても、三業惑乱後の「安心」の再統一の問題は、最も重視すべきテーマであったに違いない。それゆえ、了義も真了も繰り返し巻き返し「信楽帰命」「無疑信順」を説き続けたのであろう。この内、『裁断申明御消息説教』巻上第二席には次の一文が盛り込まれている。

何時聞ヒテモ換ラヌ御慈悲、喜ブ時延ヘル御慈悲ヂヤナヒ、喜ベヌ奴ヘ喜バスガ六字法、法ヲ離レテ胸ヲ探スノヂヤナヒ、我胸探シテ見レバ案ジラレルバカリ、案ジル胸ヘ御慈悲ノ法ガ届ヒテ、届ヒタ法ガ死ヌマデ離レヌ故、何時思ヒ出シテモヤレ嬉シヤヤレ貴トヤト喜ビヽ日送リガ出来ルノヂヤ

『御裁断御書』及び『御裁断申明書（御消息）』は、一八〇六（文化三）年一一月、三業惑乱

の終結にあたり、本如（一七七八〜一八二七）が「三業帰命」説の誤りを明示し、「弥陀をたのむ」とは「希願請求」の義ではなく「無疑信順」であると開顕した消息である。朝枝は、『自謙日誌』を繙き、本如の『御裁断御書』広略二本の製作のかげに、石州浄泉寺履善（一七五四〜一八一九）と瑞泉寺自謙（一七五一〜一八四六）の尽力が大きかったと指摘された(27)。

『御裁断御書』には、

その信心のすがたといふは、なにのやうもなく、もろもろの雑行雑修自力のこころをふりすてて、一心一向に阿弥陀如来、今度のわれらが一大事の後生、おんたすけ候へとたのみたてまつる一念の信まことなれば、弥陀はかならず遍照の光明を放ちてその人を摂取したまふべし(28)。

とあり、また『御裁断申明書』には、

中興上人はさしよせて、「もろもろの雑行雑修自力の心をふりすてて、一心に阿弥陀如来、われらが一大事の後生御たすけ候へとたのめ」とは教へたまへり(29)。

と、ともに『領解文』の一節を引いて「信楽帰命説」の正義を決択されている。この文言は、まさに41の与市のことばそのものであり、本如の明示した「正意安心」が、了義や真了の説教を媒介して、そのまま与市の仏法味わいの基底にまで至り届いているようである。五十嵐大策は、『御裁断申明書』『御裁断御書』が「大衆伝道の場でも大きな影響をおよぼし」、源左・才市といった妙好人の領解が生まれたと、布教を通じての両者の関係性を問う視点を提示された。[30]つまり、宗門による三業惑乱後の教学再構築の方向性を、門徒一人一人へそれを伝達する役割を荷ったのが、節談説教者ではなかったか。[31]戦前の布教の様子を示す「五日から六日報恩講さんがあって、節談で三業惑乱一代記を聞いた[32]」との古老の口伝は、節談という様式化された布教法がどのような歴史状況から生まれ、結果として、いかなる機能を果したかを示唆しているといえようか。

いずれにしても、与市の仏法領解の味わいは、了義・真了兄弟の椿原流節談によって慈育されたと考えられる。そして、彼の徹底的に自力のはからいを離れ、すべてを如来にまかせる姿勢は、了義・真了の説教において繰り返し弁じられた、ご法義のありようと見事に合致している。すなわち、それこそ、三業惑乱後の教学再建の状況下で強く打ち出された「安心」の路線に他ならなかったのだ。今まで、妙好人の言行とその時代の教学の立場とを直接的に対比論究する作業は、種々行なわれたけれども、本章では両者の間に説教者の法演という、妙好人が日常的に聴聞してきた布教の特色を加味して検討した。その結果、念仏者の法義の味わいがどのように深められたかを実態的に跡づけられたといえる。

五、むすび

近世末期以来浄土真宗の「理想的」念仏者像として、広く宣揚されてきた妙好人たち。これまで妙好人の慈育のかげには、すぐれた指導者の存在があるといわれてきた。しかし、妙好人の言行自体が伝承されることが稀であり、さらに妙好人たちが仏法聴聞した法座自体の痕跡も極めて記録され難い。まして、妙好人といわれた同行に直接語りかけ深い影響を与えたであろう説教者の特定すら、判然としないケースが大部分であるといえよう。その点において、上妙寺前々住河村慶雄が与市の言行録を編集出版され、同寺に別の写本が残存し、また浄楽寺文書によって与市を育てたとされる説教者野世溪真了の法演のありようがある程度把握できるのは、稀有の事例であると思われる。

本章では、真了と与市との交流、ひいては真了の布教が与市の仏法領解にいかに関わったかを検討し、妙好人と節談説教者との関連について課題を設定した。刊本及び写本の与市言行録には、七例の了義・真了兄弟との交流を示す逸話が見られる。そこからは、与市の真剣な求法と真了の懇切な教化、さらには余人の介入を許さない二人の宗教的境地の共有の様相が窺える。一方、浄楽寺蔵の真了の布教日誌から類推すると、やはり与市はかなりの頻度で、真了の説教を聴聞していた可能性が高い。そして、晩年の与市は、「教人信」のあらわれとして、自ら施主となり在家法座を開筵し真了を招待している。あわせて言行録にある最晩年の見舞日程の特定を行うことができたほか、新たな与市・由五良の喜捨記録も発見された。一方、真了の長男真海の「手控」には僅か一例ではあるけれども、与市篤信の物語が記録されている。つまり、真海は、布教の因縁話として実在の与市の法義相続の姿を紹介していたと見て大過ないであろう。これは、実在の妙好人のエピソードが説教の場で語られ、それを聴聞した人々の中から新たな妙好人が生まれていく、という構造を如実に物語っているといえようか。そのうえで、与市の仏法の味わいと了義・真了の布教との関連を追究してみた。与市の言行録から窺える彼の仏法の味わい方は、自らの心の「明暗」「喜こんでいる心」「お浄土を待ち受ける心」までも、自力のはからいとして徹底的に否定していく点に特色がある。それと等質な念仏の味わいを説く法演は、新出の真了の説教台本や了義・真了の説教刊本において、繰り返し弁じられていた。そしてそれこそが、近世後期の三業惑乱以来、本願寺教団で確立されてきた「理想的信者像」の「安心」の姿に他ならなかったのである。

註

（1）研究史としては、朝枝善照『妙好人伝基礎研究』朝枝善照著作集第二巻（二〇一六年・永田文昌堂刊一三頁）、児玉識「『妙好人伝』小考」（『近世仏教』第六巻第二号、朝枝編『妙好人伝研究』一九八七年永田文昌堂刊後者二四二頁）、菊藤明道『妙好人伝の研究』（二〇〇三年・法蔵館刊七〜一六〇頁）などがある。

（2）『さいちさん』（一九九一年永田文昌堂刊四七頁）。

（3）「新資料・『唱導師手控』の紹介」（『続妙好人伝基礎研究』朝枝善照著作集第三巻二一七頁）。

（4）註(3)二一八頁。

（5）直林「讃岐の庄松」（『大法輪』第七三巻第五号、特集妙好人〈その純朴な信仰世界〉七五頁）。同『妙好人―日暮らしの中にほとばしる真実』（二〇一九年・佼成出版社五九頁）。

（6）上妙寺は浄土真宗本願寺派（滋賀県米原市磯）。

（7）直林「節談とその信者像―妙好人与市同行言行録の成立をめぐって―」（『浄土真宗総合研究』第六号七三頁）（本書第七章）。また、この論文において紹介した同寺所蔵の写本『妙好人椋田與市伝』の筆者「高木実衛」は、一九九〇（平成二）年に出版された『新妙好人伝近江・美濃篇』（法蔵館刊）の編者であった。高木は、同書において『是人名分陀利華』に基づき与市の行状を紹介し、「昭和四十二年二月十七日」と同年「十二月二十五日」上妙寺参詣のことを記す（四九頁）。おそらくこの写本の成立は二度目の訪問の直前に執筆し、二十五日の報恩講の折に持参したものであろう。

（8）浄楽寺は浄土真宗本願寺派（滋賀県長浜市余呉町東野）。

（9）井上哲雄『真宗本派学僧逸伝』（一九七九年永田文昌堂刊三二三頁）。

（10）二〇〇七年一〇月二五日、了義の自坊真福寺（長浜市高橋町）へ出講の際、同寺のご門徒より拝聴。またこの折に帰寺されていた了義の曾孫椿原寛（名古屋市在住、二〇〇八年逝去）も、この逸話を聞いた記憶がおありとのことであった。野世溪朝浄楽寺住職から出典は『大金言』ではないかとのご教示があった。

(11)「浄土真宗の伝道の特色」（註(3)著書）一八五頁。浄土真宗布教用語の概念規定に関しては、後小路薫による前近代では「説教」ではなく「勧化」を用いるべきとの提言がある（『「勧化本」の研究』二〇一〇年・和泉書院刊四七頁）。

(12)福間光超「初期『妙好人伝』編纂の歴史的背景について」（宮崎圓遵博士還暦記念『真宗史の研究』、朝枝編『妙好人伝研究』後者四二頁）。

(13)野世溪朝によれば、長浜市余呉町東野・米原市磯も、ともに農村地帯であるけれども、内陸部の東野と琵琶湖沿岸の磯とでは土壌に差異があり、若干作物の種類がちがっていたのかもしれない、とのご教示あり。

(14)『与市話記』上妙寺蔵。記号は註(7)七八頁参照。

(15)直林『節談椿原流の説教者　野世溪真了和上芳躅』（二〇〇七年・永田文昌堂刊四五頁）。

(16)野世溪朝の教示による。

(17)明性寺は浄土真宗本願寺派（滋賀県彦根市本町）。

(18)註(15)六〇頁。

(19)野世溪朝の教示による。

(21)上妙寺河村節子前坊守の教示による（註(7)論攷七六頁参照）。

(22)註(3)及び註(5)参照。

(23)註(7)九二頁〜九三頁。

(24)註(15)七一頁。

(25)野世溪真了述・宇野最勝編『猟漁章説教』（一九一四年・興教書院刊八頁・一五頁・一六四頁〜一

六五頁・一六八頁〜一六九頁・一七一頁〜一七二頁）。宇野最勝（滋賀県守山市大林町覚明寺住職）に関しては、三田源七の聞法の歩みを法友の竹田太四郎が記録した内容を編集した『信者めぐり』（一九二二年・興教書院刊）が名高い。真了の門弟と、妙好人伝との関係として興味深いところである。

（26）武藤幸久編『真宗説教本コレクションリスト』（府越義博『説教の秘訣』二〇一一年・図書刊行会刊二一六頁）。尚、『タノムタスケタマヘ略弁』一巻は残念ながら未見である。

（27）朝枝善照『三業惑乱展望』（二〇〇四年・永田文昌堂刊二一頁）。

（28）『浄土真宗聖典（註釈版）』一四一三頁。

（29）『浄土真宗聖典（註釈版）』一四一八頁。

（30）「蓮如教学と『安心論題』」（『蓮如への誤解の誤解』一九九六年・探究社刊一一〇頁）。

（31）その点説教者には、厳しい「安心の要」の領解が要求されたのは云うまでもない（『信者めぐり』四三八頁参照）。

（32）註（27）一〇頁に、「忠臣蔵の何段目、何段目というふうに、ずっと物語ができておって、それを節談で、朝昼晩、朝昼晩と、連続シリーズで五日ぐらいなさる人がたくさんおられた。」とある。

第九章　節談研究の先駆者

一、関山和夫の生涯と研究

関山和夫は、一九二九（昭和四）年十月八日、愛知県葉栗郡宮田町（現・江南市）の西山浄土宗 日輪山遍照光院曼陀羅寺山内 世尊院において、住職関山涼全・寺庭すゞ江の長男として誕生した。父涼全は、「尾張門徒」といわれる浄土真宗のご法義地のひとつである海東郡新蟹江村（現・蟹江町）の出身で、縁あって出家の道を進んだ。関山から、「父の故郷の尾張には、『一人出家すれば九族天に生まる』という考え方が行きわたっており、それが父の出家につながった」と幾度か拝聴した。涼全は、浄土宗の僧侶となり、後に曼陀羅寺塔頭の一つである世尊院住職に就任した。関山の最晩年に、ご尊父の生家は、大谷派の名説教者であった亀田千巖と同郷であったと伺ったことがある。ご母堂も、海西郡十四山村（現・弥富市）の真宗大谷派門徒の家庭に育ち、長じて浄土宗寺院に嫁いでからも、幼い関山を連れて真宗のご法座参りを続けられた、という。関山自身、こうした真宗との「宿縁」が、のちの研究の問題意識の原点のひとつに存在する、と述懐している。

曼陀羅寺は、一三二九（元徳元）年、後醍醐天皇（一二八八〜一三三九）の生母談天門院（一二六八〜一三一九）の弟である浄土宗の僧 天真乗運によって、数多くの戦死者を弔うために建立された勅願寺で、当初は円福寺と称したが、後に当麻曼陀羅に因む現在の寺号に改められた。現存する正堂は、この地の生まれで、後に初代阿波藩主となった蜂須賀小六［後の家政］（一五五八〜一六三九）によって、一六三九（寛永九）年に寄進された建築で、国の重要文化財に指定されている。江戸時代には、尾張徳川家の庇護のもと寺領二三一石を有する、尾北の西山浄土宗の中心的寺院として発展してきた。関山の生家世尊院は、八ケ寺ある塔頭のひとつで、多くの檀信徒を持つ寺院であると伺っている。昭和初期の曼陀羅寺には、「嫁見祭・虫干会・曼陀羅開帳・彼岸会」など多くの縁日があった。その都度堂内では説教・絵解きが行われたほか、廊下や縁側で阿呆陀羅経を口演する者もあり、広い境内にはのぞきからくり・芝居や露店も出て、人の波であふれかえっていた、という。後年の仏教と民間芸能の関わりを追究する視点は、まさに関山自身の幼少期の体験に根ざしたテーマであったといえよう。

両親や檀信徒の期待を背負った関山は、十一歳で得度し「良空精全」の僧名を受け、一九四六（昭和二十一）年三月旧制の愛知県立一宮中学校を卒業の後、京都の西山派立の僧侶養成機関である西山専門学校（現・京都西山短期大学）に進学した。十八歳にして法脈を相承する加行を受け、熱心に仏教学や浄土宗学を研鑽し、いよいよ僧侶としての自覚を持つようになったのである。

その後、大谷大学文学部に進学し、国文学を専攻することとなるが、関山自身の話によると、受験当時からすでに多屋頼俊に師事することのみを目標にして、大谷大学を選ばれたのだ、という。多屋は、一九三三（昭和八）年に刊行された『和讃史概説』で和讃の研究に道をつけたほか、『源氏物語』の独自の新解釈によって学会の注目を集めていた学究である。一九五二（昭和二十七）年三月、大谷大学を卒業し、ただちに大谷派の系列校である大谷高等学校教諭に着任した。この間、同年五月七日には大阪府高槻市大手町の西山浄土宗光松寺出身の道子を妻として迎え、後に二人の女子に恵まれることとなる。一方、同時期に処女論文「御咄衆の事」や後の研究の原型となる「安楽庵策伝について」などを発表している。

しかし、翌年には、愛知県立一宮高等学校教諭に転任し、京都を離れた。おそらく自坊世尊院の法務との両立をめざしてのことと思われるが、まもなく師父の逝去によって、住職に専念するか学究の徒としての道を進むかの岐路に立たされることとなる。それから三〇年あまりたって、自身でこの間に事情について、以下のような感慨を吐露されているので、引用させていただきたい。

昭和三十一年の春に、私は微力をかえりみず法務多忙な寺（生家）を離れることにした。学徒の道に専念したかったのであり、決して還俗したのではない。その後、無檀家の寺に十三年間住職し、昭和四十四年からは在家住まいをするようになった。（中略）寺を出た私の道は、予想以上に険しいものであった。思いがけない難関がしばしば待ち構えていた。そこで私は、人生苦ある限り仏は不滅であると信じ続けねばならなかった。寺の子の宿命というべきであろう。日本文化史を研究する学徒として、国文学や日本芸能史を専攻する私に与えられるテーマは、ことごとく仏教に関するものである。私は今、寺院生活から離れている。だが、仏を喪失したのではない。一瞬でも私の心から仏が消えた時には、宙に置かれたような虚脱感におちいってしまう。かつて私は、葬式や法事に明け暮れる旧態依然たる因習に満ちた寺院生活を非難して父を大いに困らせた。父は『今にわかる』といって苦笑していた。父の死後、三十三年を経た今、私はしみじみと父のことばがわかる。思えば長い『今にわかる』であった。（『庶民文化と仏教』「まえがき」一九八八年二頁）

寺を出た関山は、高校教員の職務を果たしながら、学究への道を邁進し、陸続と論文を執筆していく。一九六一（昭和三十六）年には最初の著書『安楽庵策伝―咄の系譜―』を上梓、さらに一九六四（昭和三十九）年『説教と話芸』によって「第十二回日本エッセイストクラブ賞」を授与されるに至った。それは、「日本のあらゆる話す芸・語る芸の源流に仏教の説教が存在するのではないか？」との斬新な展望に裏付けられた遠大な「鳥瞰図」に連なる素描の提示であった。関山の思いとしては、自分の学問はそれまでの「柳田民俗学」が仏教的視点を欠いていることへの方法的反省から出発した、と度々伺ったことがある。むろん、柳田國男（一八七五〜一九六二）の初期の著作（「毛坊主考」・一九一四〜一五年『柳田國男全集』第一一巻一九九〇年筑摩書房四一七頁など）では、民間に広がった仏教と芸能について、鋭くその関係性を抉り出していく。しかし、その後の柳田は、なぜか仏教に関する論文をあまり書いていない。仏教民俗学の確立は、柳田の学問に啓発された五来重（関山の学位論文の副査）の登場を待たなければならない（西山郷史『とも同行の真宗文化』二〇二〇年・臥龍文庫刊四一四頁）。したがって、関山がいうように、話芸の源流の一つに仏教を据置く視点が排除され、結果として多くの近代以降の学問が陥ってしまった、廃仏的思潮に偏向していったと云わざるをえないのではなかろうか。

一九六六（昭和四十一）年四月、関山は浄土宗系の東海学園女子短期大学に講師として赴任し、ほどなく助教授・教授と昇進、研究職としての地歩を確かなものにしていった。一方、

『説教と話芸』に影響を受けた永六輔・小沢昭一により、浄土真宗の伝統的布教技法である「節談説教」への芸能史的視点からのアプローチを生み、近代化の時代思潮の中で絶滅寸前であった、節談の記録と紹介がなされたのである。

関山が正面から浄土真宗の説教を論じた最初の論文である「近世後期の仏教説話妙好人伝について」(『説話文学研究』第三号一九六九年)に関して、関山と同じ多屋頼俊門下の一人である石橋義秀から、「恩師多屋の影響が大きいのではないか」とご教示賜った。そして、多屋の伝統説教への着眼のルーツを辿ると、日本民藝の創始者柳宗悦にまで行きつく。つまり、この時期の真宗大谷派では、「同朋会運動」の推奨によって、伝統説教と説教者が排斥されつつあった。この現状を憂いた多屋が、安楽庵策伝研究など仏教と話芸についてユニークな成果をあげつつあり、なおかつ大谷派教団人でないがゆえに比較的自由な発信が可能な関山に白羽の矢を立て、壮大な研究の方向性を手ほどきしたのではなかろうか。私は、関山の学問上の系譜を遡ると、柳田國男・五来重という仏教民俗学の流れと、柳宗悦・多屋頼俊へと連なる伝統説教再評価の立場との接点に、位置するのではないかと想定している。

その他、名古屋の「『含笑長屋』落語を聴く会」や京都誓願寺「策伝忌」など、自身の造語である「話芸」の興隆に尽瘁した功績は、枚挙にいとまがない。そして、一九七三(昭和四十八）年に発刊した大著『説教の歴史的研究』を主論文に、『安楽庵策伝』と『説教と話芸』の二冊を副論文として提出し、主査山本唯一、副査五来重・柏原祐泉による審査を経て、一九七六（昭和五十一）年には母校大谷大学から文学博士の学位を受領された。まさに仏教と芸能に関する芸能史的視点に基づく「一大鳥瞰図」が完成されたのだ。

その後、一九八四（昭和五十九）年には、佛教大学の仏教文化専攻の教授として迎えられることとなる。（その間の経緯に関しては『関山和夫博士喜寿記念論集』所載の水谷幸正元佛教大学学長の「祝辞」に詳しい。）二〇〇二（平成十四）年には佛教大学名誉教授となり、二〇〇四（平成十六）年から八年間にわたり京都西山短期大学学長の要職を二期務められたのは、記憶に新しいところである。

周知の如く、関山の喜寿記念と銘打って開かれた二〇〇七（平成十九）年七月三日の東京築地本願寺での「節談説教布教大会」は、二五〇〇余名の聴聞者を集めた。これを機に結成された節談説教研究会の名誉会長として、六年間色々とご指導いただくご縁を賜った。また、二〇〇八（平成二十）年七月八日西本願寺聞法会館で行われた浄土真宗本願寺派教学伝道研究センター主催の本願寺文化シンポジウム「節談が伝える御法義」の折には、基調講演をしていただき、浅井成海とともに大変お世話になったことも、今となっては忘れがたい思い出である。

関山の自身の研究テーマに関する思い入れは、晩年にいたるまで決して衰えることなく、自説に相反する解釈や仏教の何たるかがわかっていない生半可な動きに対しては、時に舌鋒鋭く反駁の論陣を張られることも多かったように思う。その怪気炎に接し、「これこそが本来の研究者の姿なのかも知れない」と思い知らされ、密かに万事にいい加減な自分のふがいなさに襟を正したこともある。

だが私が、奇しくも関山と同じ病に向き合う日々の中で、思いもかけぬほどやさしいお言葉をかけて頂いた。入院中の病室に毎日毎日「おかげんいかがですか？」とかけてくださる携帯電話によるお見舞いは、本当にありがたかった。晩年、『歎異鈔』の第九条にふれ、「死にたくないですねー。でもわれわれ浄土教徒には、その『死にたくない』という思いのままで救われていく世界があるんですよねー。」と電話の向こうでしみじみと語っておられたお声が、今も耳の底に残っている。

二〇一三（平成二十五）年の二月に、釈徹宗と二人で思い切ってご病床をお訪ねしようとアポを取ったとき、関山は見舞いを固辞された。その折は、まさかこんなに早くご往生になられるとはと思わずに「もう少し暖かくなってから」と、他日を期してしまったのだ。無常の世とは知りながら即行動できなかったことに、やはり一抹の後悔の念を禁じ得ない。「直林先生、研究も大学の仕事も大事ですが、やはり住職である限りは淨宗寺さんのご門徒のことも忘れないようにしてくださいね」という私の相愛大学着任の折の一言を、寺を離れてまで学究の徒として一途な道を貫徹された、関山自身の生涯をふりかえりながら、私自身の日々の課題としてありがたく受けとめさせていただくばかりである。

「ゆめうつつ　安楽国土　蓮華台」（辞世）

良空精全上人策名研学和尚　関山和夫博士　平成二十五年五月九日往生　行年八十五歳

今は、永年のご縁を謝しつつ、還相摂化のお導きを念じ、お念仏申すばかりである。

二、小沢昭一の遺産と課題

高度経済成長最中の一九七〇年代、俳優の小沢昭一は、日本全国を歩き回り、当時絶滅寸前であった、あらゆる巷間芸能を録音し続けた。それらは、『日本の放浪芸』シリーズ全四巻二二枚のＬＰレコードにまとめられ、一九七一（昭和四十六）年から七七（昭和五十二）年にかけてビクターから発売された。その後九九年にＣＤとして復刻されたが、いずれも品切れとなっていた。そして二〇一六（平成二十八）年新たに未発表音源も加え、より音質を高めたＣＤ二六枚として、三度世に問われることになったという。

『日本の放浪芸』シリーズでは、万歳などの祝福芸・浪花節などの語る芸・香具師や見世物のような商う芸・漂泊の芸能としての流す芸、さらには当時人気のステージ芸ストリップにとどまらず、浄土真宗の「節談説教」までを、大衆に支えられてきた「芸能」という視点から幅広く紹介している。そこに繰り広げられているのは、一定の世代以上の者ならばごく身近に経験していた、情感豊かな日常の風景そのものであるといえよう。小沢は、自ら絶えず芸能の第一線に立つ者の感性により、放浪芸の中に「芸能の根源」を読み取ろうとしていたのだ。彼自身がいかなる経緯で節談に惹かれどのような意図でそれに向き合ったかについては、『大法輪』一九七四（昭和四十九）年九月号の「節談説教の魅力」と題するインタビュー記事によってあらまし窺うことができる。また『日本の放浪芸』シリーズの企画のディレクターとして制作にかかわった市川捷護の『回想日本の放浪芸』（二〇〇〇年）には、取材の詳しい経緯がまとめられている。

本来布教である節談を芸能の視点から位置づけた小沢の仕事の背景には、「あらゆる話芸の源流に仏教の説教がある」と捉えた関山和夫の研究の影響がある。関山は聴聞と娯楽が未分化な前近代を「法芸一如」の時代と考え、宗教と芸能を別物と見る近代的知性の限界を指摘した。関山の『説教と話芸』（一九六四年青蛙房刊）に触発された小沢は、節談を聴き「驚天動地」

「度肝を抜かれた」とその感動を表現している。

小沢は、大部分の放浪芸が滅びたのは民衆が棄てた結果だと認識する。しかし節談の場合は、民衆がつまらないと言って棄てたのではなくて、宗教界内部の芸能蔑視・民衆蔑視にねざす自主規制によって衰退を余儀なくされた特例であると位置づける。

また節談の中には、節と話との切れ目がはっきりしていない点や、やる度に節の部分と話の部分も変化するという自由さが内包されているという。つまり小沢は、名人上手がむかし創った一つの節を固定化して、ただ繰り返し形だけを踏襲している古典芸能にはない、節談独自のあらゆる芸能の原点ゆえの「新しさ」を読み取っているのだ。それゆえ、節談にはいつの時代にも、その新しい時代に応じる力が可能性として秘められていたと結論づけていく。こうした提言こそが、小沢昭一の発した浄土真宗布教の将来像についての強烈なメッセージではなかったか。

一九七一（昭和四十六）年のシリーズ第一巻LP発売の後、小沢の関心はまだその当時「職業芸」として生きつづけていた香具師・節談・ストリップの世界へと広がりを見せていった。先述のように、それらを「芸能」として一括りに扱うのは異論がないとはいえないけれども、彼の中では「崖っぷちに生きる」漂泊の人々という一貫した問題意識が通底していたのはまちがいない。

彼は一九七三（昭和四十八）年に浄土真宗のご法義地の一つ加賀・能登へ入り、節談説教者を探し求めた。そしてその年の八月四日東本願寺金沢別院で「まぼろしの能登節説教！節談説教をきく会」が開かれ、満堂の参詣者が訪れたという。さらに翌年にかけて兵庫・三重・大阪そして京都での節談採録が行われ、合計七名の説教者の音声が遺されることとなったのだ。

親しみやすい口調の川岸不退、見事な音声力で人々を感動の坩堝へと誘う若き日の廣陵兼純、飄々とした寺本明観の語り、かつて一声を風靡した東保流の香りを感じさせる誓山信暁のしわがれた声、立て板に水の如く澱みなく聖教のご文を畳みかける野上猛雄のセリ弁のすばらしさ、ほのぼのとした雰囲気の豊島照丸、どすの効いた声の祖父江省念。彼らの多くが浄土へ旅だち、あるいは布教の第一線から退いた今となっては、その肉声に接することのできるこの録音は、極めて貴重な遺産という他はない。この資料を通じて、私自身も含め直接節談を聴聞する機会のなかった世代の人たちにも、節談の魅力と「受け念仏」の声があふれていた当時の浄土真宗ご法座の雰囲気を、感じ取ることができるのだ。それまでの説教本を読むだけでは容易に触れることのできなかった布教現場の姿が、リアリティー豊かによみがえってきたのである。そうした意味において、小沢の仕事の真宗伝道史上の意義は計り知れない。

単なる「滅びゆくものへの郷愁」ではなく、今の人々を喜ばす芸能を模索する小沢の熱意の赴くところ、遂に彼は自ら袈裟法衣を身にまとい高座のうえから「節談」を弁じてしまった。その説教の台本となったのが、一九六四（昭和三十九）年に寂した亀田千巖の音源であった。数年前その音源を『亀田千巖説教集』（二〇一五年国書刊行会刊）として再編集する作業に関わってみて、実際その迫力に圧倒された。関山に案内されて京都の亀田の自坊を訪れ孫の亀田晃巖の録音したテープを聞いた小沢は、即座に「これはすばらしい！芸人としての私に感性にひびくものがある。ぜひ勉強させてください」と音源借用を強く求めたという。彼の鋭い芸能的感性が、絶えず同行との緊張関係の中で、時代と大衆の求めるものを追いつづけてきた説教者の姿に共鳴したといえる。すなわち、観客との緊張関係の「崖っぷちに立つ芸人」でありたいと願う自分を、そこに投影させたのであろう。

小沢自身は、「説教板敷山」を演ずるにあたり「私のはあくまでイミテーション」と断り、彼に手を合わせ受け念仏をするお同行に対し、一抹の後ろめたさの念を抱いたと告白している。また「節談は結局のところ布教であり、決して芸能ではない」とも明言している。だが、「布教はあくまで自己の信心吐露の場である」と考える多くの僧侶たちにとって、僧籍にない小沢の説教姿は、幾許かの違和感を生じさせる結果となった。さらに節談に好意的イメージを寄せる人々の間にも、「節談とは台本を丸暗記しそのまま実演し続けるもの」との誤解を招いてしまったのだ。そのため小沢の発した貴重な提言は、布教現場に立つ人々にほとんど浸透しなかったと思われる。まさに節談への関心も、一過性のブームに終わってしまったのだ。

それから四半世紀の時が流れて、小沢の遺した説教録音を聴いた多くの僧侶たちから、節談再評価の声が沸き起こった。節談を直接知らない世代の人々は、同時に合理的知性偏重の近代化至上主義の呪縛からも自由な年代であったのだ。小沢の発した「布教活動を志す若い人であいう布教をしたいと思う人が出て来れば、是非やって貰いたい。ただ自分で一遍、それを完全に覚えてお客さんの前で演ってみて手ざわりを確認することが絶対必要だとは思ったんです。」という提言の確かさと重みを、改めて痛感させられる。

二〇〇七（平成十九）年の築地本願寺節談説教布教大会成功を受け、節談説教研究会が結成された。翌年開催された第一回節談説教者育成セミナーを受講した壮年布教使小泉信了は、小沢の録音した廣陵兼純の「加典兄妹」を、一語一句丁寧に弁じあげたのである。講評の役を仰せつかっていた私は、そこからにじみ出る単なる模倣以上の強いものを感じたのだ。そこで、彼に廣陵の説教との出会いを尋ねてみた。彼が語ってくれた話は、実に感慨深かった。四〇年ほど前、父の逝去によって急遽住職を継ぐことになった若き日の小泉は、日々お同行への布教の第一線に立たねばならなくなったという。小沢の録音した廣陵の説教をカセットに落とし、擦り切れるまで聞き続けた時、なぜか涙がとめどもなく溢れてきた。「ともかく毎日それを繰り返し繰り返し語るだけでした。これが僕の布教の原点なんです。」と語ってくれた彼は、新しい情念の布教を模索し、「ギター法話」という独自の技法で、幅広く活躍する布教使として大成していった。しかし、そんな彼も、先年不慮の事故で急逝してしまった。誠に諸行無常である。

小沢の遺産は、着実に根をおろしているのだ。

三、浅井成海と節談説教研究会の発足

二〇一〇（平成二十二）年六月六日、節談説教研究会浅井成海初代会長が逝去された。翌々日の八日には、ご自坊である獺谷山浄光寺（福井県敦賀市）で葬儀が営まれたが、全山煙雨にむせぶ幽景の中、焼香の列はいつまでも絶えることなかった。

浅井成海は、一九三五（昭和十）年五月二十八日福井市の浄土真宗本願寺派隆広寺に誕生され、長じて敦賀市浄光寺に入寺、一九八一（昭和五十六）年四十六歳で住職を継職、三十年近くその法灯を守りぬかれたのである。その間、一九六九（昭和四十四）年母校龍谷大学の講師

に就任、一九八〇（昭和五十五）年には教授に昇進され、二〇〇四（平成十六）年に定年退職するまで、真宗学の研鑽と後進の教育に多大な足跡をのこされた。

浅井の研究は、指導教授であられた石田充之（一九一一～九一）の浄土教理史研究を継承発展され、大著『法然とその門弟の教義研究』をはじめ、浄土教の展開の中で親鸞の念仏の位置づけを究明されつづけたといえる。また、『正像末和讃・聖典セミナー』や『蓮如の手紙―お文・ご文章現代語訳』『黒谷上人語燈録（和語）』などの聖教の解説書や、『浄土教入門』『真宗に学ぶ』『法然と親鸞―その教義の継承と展開』といった著書も数多く知られている。浅井は、こうした学術書のほかに、たくさんの一般書も出版した。『いのち華やぐ』『法に遇う人に遇う花に遇う』『いのちを生きる』『悲しみをこえる人生』などの法話集によって、深遠なる教学に裏付けられた浅井のお念仏の味わいの世界を窺うことができるのは、遺された我々にとってせめてもの幸いであろう。

さらに、浄土真宗のお念仏に生きる私達が、不条理な差別など現代社会の諸問題に積極的にかかわっていく方向性を示された「信心の社会性」という浅井の提言は、苦悩の娑婆世界にあってお念仏のみ教えが、この私を通じていかに働いていくのかを問う際の確かな指標になるにちがいない。

そんな浅井とのご縁は、歴史学専攻の私が大学三回生の時、一度だけその講義を拝聴させていただいたことに始まる。その後は長い間、著書や論文を通じて、間接的に教えを仰ぐという関係にとどまっていた。ところが、二〇〇六（平成十七）年春、「浅井先生の記念論文集の企画があるので、浄土教に関する論文を書いてみないか？」と、恩師朝枝善照から言葉をかけて頂き、早速京都府八幡市の自宅に連絡申しあげた。その当時史料調査中の滋賀県余呉町（現長浜市）浄楽寺蔵の説教台本『帖外和讃談録』を翻刻した拙稿（この論文は後の拙著『節談椿原流の説教者』の中核に位置づけられている）をまとめることができたのである。今にして思えば、病床の恩師朝枝のはからいによって、浅井とのであいのご縁を結んでいただいたのだ。

翌年一月三日、朝枝が往生、その一ヶ月後には築地本願寺での「節談説教布教大会」の実行委員長を務めていた武藤幸久が急逝し、私にとっては大きな支柱を相ついで失ってしまったわけである。武藤の出棺を見送った後、関山和夫・谷口幸璽・府越義博と四人で、五カ月後に迫った「布教大会」にむけての方向性と具体策を話しあった。「近代化」の波の中で過去に一度葬り去られた「節談」という布教法には、現代の人々に対しても、お念仏の声高らかな法悦の世界を再び与えてくれる可能性が秘められている。しかし、その一方で、「節談」が否定された要因の一つは、布教と芸能を混同した一部の布教使の姿勢などもあり、その再生のためには、封建制度や戦時下の産物である「古典」と称される台本の書きかえも含めた大胆な取くみが必要ではないか、との課題も確認しあった。

そのためには、単に「節談」を復活させるだけではなく、多様な現代布教の一ジャンルとして多くの人々に受け入れられる、新たなる情念の布教法を構築しなければならない。その第一歩として、布教現場に立つ仲間が結集して研究会をたちあげよう。そして、そのリーダーには、しっかりとした教学的見地よりのご指導が仰げるのみではなく、時には「節談」という布教法に距離を置き、その内包する問題点について、率直にご意見を頂戴できる方に就任していただきたい。その場で第一に名前のあがったのが、浅井成海であった。浅井は、かねてより法然門下の研究で関山とも長い交流があり、豊富な布教の経験と信心の社会性を問う宗門の基幹運動にもとりくまれてきたことなどに鑑み、もっとも適任であることは、皆の一致した思いである。しかし、研究に講演にと繁務の中で、果してお引き受け願えるだろうか、それにもまして「節談」の評価そのものが未知数である状況下で、浅井に承諾いただけるのは、正直むつかしいのではないだろうかと考えていた。しかし、実際思い切って、関山からお願い申しあげると、「わたしでよろしければ」と即座に就任を承諾賜ったのである。その時の感動は、今でも胸に残っている。

その後、築地の大会での挨拶、雑誌『節談説教』創刊号への寄稿、二回にわたる「節談説教者育成セミナー」での発言、機関紙四号に収録した関山・浅井・釈徹宗・杉本光昭とのパネルディスカッション、あらゆる場面において、私たちを励ましつつ、絶えず含蓄ある助言を与えてくださった。特に研究会の会誌『節談説教』第六号に掲載されている「情念の布教『節談説教』を現代に活かすには」（二〇一〇年・二頁）では、「情念の布教」を単なる知識ではなく、「智慧と慈悲のお心」を取り次ぐものと押さえ、それを現代に蘇らせる際の大切な諸課題について、慎重にことばを選びつつ穏やかに、しかも的確に指摘いただいた。時に、「古典音源の引き写し」のような説教に接しても、浅井は「まだまだ研究会を立ちあげたばかりですからね。」と、やさしく励ましてくださったのである。

私たちは、ついつい浅井の厚情に甘え、激務の中をご無理ばかりをお願いしつづけたのではないかと、悔やまれてならない。ご往生の後、八月十七日の「節談説教研究会総会」に先立っての追悼法要にご臨席いただいた、浅井の女婿にあたる高田文英龍谷大学専任講師（当時）から、「義父は自坊でのご法座に、一度節談をなさる研究会の方々をお招きしたい、と常に口にしておりました」と拝聴。「あー先生はそこまでご配慮してくださっていたのか……」と改めて感謝の念一入であった。

浅井の後任の会長には、これまた本当にご無理を申しあげて、東保流所縁の兵庫県福専寺住職 神子上恵群元龍谷大学長にご就任賜った。思えば、その前年二月の「東保流伝授会」の折に、一緒に東保福専寺にお参りさせていただき、神子上とのであいの縁を結んでくださったのも、他ならぬ浅井であった。ただただ人のご縁の深さに、感謝申すばかりである。

浅井が病床につかれたとの話は、奇しくも東保流「洗聲会」の竹内文昭会長急逝の旨を、順子坊守に連絡申しあげた際に拝聴した。二〇一〇（平成二十二）年五月三十日夕刻、東京より入洛した府越事務局長と二人、東山の病室をおたずねした。「明日から本格的投薬治療を開始します」と口にされる浅井の姿は、二ヶ月前拙寺の前住直林孝庸の二十三回忌にご出講賜りお斎の席までお付き合いいただいた時からすると、ずいぶんお疲れのように感じられたが、まさかそのわずか一週間後に届いた訃報は、無常の世とは申せ、まさに晴天の霹靂であった。

浅井は、病室を辞去する私たちを、合掌してお見送りくださった。今もそのお姿が瞼から離れない。そして、聞思院釋成海・浅井先生は「ご法義のために頑張ってください」と、いつもお見守りいただいているものと味わうばかりである。

結　語

節談は、仏教のながい伝道の歴史の中で培われた大衆への布教技法の集大成として、江戸時代後期の浄土真宗で誕生した。しかし、近代に入りさまざまな理由で排斥され、二〇世紀後半にはほぼ絶滅寸前の状態に立ち至ったといえる。本書は、そうした光芒の歩みを辿ってきた節談を、多様な現代布教の一ジャンルとして再構築する営みの前提である。つまり節談の長所と短所を、歴史的にしっかりと認識することを目的とする。その際、大きな指標となるのが、あらゆる話芸の源流の一つに仏教の芸風通俗的唱導を位置づける、関山和夫による芸能史的研究であった。それゆえ本書は、関山の業績に負うところが大きい。

序章では、浄土真宗の原点である、親鸞の布教姿勢と布教技法に対する発言の検討を試みた。親鸞は、自らに至り届いた如来の大悲を周辺の人々に取り次ぐという、謙虚な「自信教人信」の立場を堅持する。その一方で、聖覚との交流の中で、安居院流唱導のスキルも身につけ、情感豊かな和讃を詠み、草の根の布教技法にも関心を払っているのだ。まさに親鸞の布教は、理と情の絶妙なバランスのうえに構築されていたといえる。その後の教団では、大衆への布教技法が発展していくけれども、先述のように近代以降は布教理念のみを重視し、技法無用論まで登場していく。

第一章においては、今日広く知られている「節談説教」という関山による造語の成立と意味の変遷を論じている。当初関山は、「法芸一如」と形容される芸風通俗的布教の総称として、「節談説教」を超時代・宗派横断的に用いてきた。しかし、晩年に至って、それを浄土真宗独自の伝統と捉え、芸能との異質性を強調していくのだ。それゆえ本書では、概念の混乱を避け、「節談説教」の名称を使用していない。

明治以後、節談に対して浴びせかけられた批判は、痛烈であった。もとよりその論点の中心は、『元亨釈書』以来繰り返されてきた芸能蔑視の域を出るものではなかったといえる。そこで第二章では、関山晩年の発言を手がかりにして、布教と芸能との関係性を探ってみた。関山自身は、説教者の派手な芸能的表出もあくまで法を伝えるための手段にしか過ぎず、受け狙いが目的化してはならないと、布教と芸能の境界を厳しく指摘する。布教と芸能という別領域に橋を架ける研究は、関山の死後釈徹宗によって継承されていく。そうした節談の芸能性への非難に加えて、近年では「台本を丸暗記する」「自己を語らない」「上から目線」「一方通行」の布教といった負の評価も示されている。しかし、第二章で分析したように、そうした節談に対するイメージの多くは、幾許かの誤解にねざしているようである。

一方、知識人たちによる節談批判の中には、節談の特質を射抜く論点もふくまれていたといえる。第三章において、「身体性の高さ」「ことばを冷凍保存する節の効果」「感性に響き受け念仏を生む語尾の間合い」「豊穣な物語」「妙好人を育んだ」といった、節談の特質をあげてみた。しかし、同時にこれらの点は、その扱い方を間違えると、「自信教人信」の布教の原点を逸脱してしまう危険性をも孕んでいたのだ。やはり、節談を現代に活かす場合、こうした劇薬性についても熟知しておかなければならない。

第四章から第六章までは、そうした特質の中から、節談最大の魅力であり、なおかつ批判の矛先にあげられることの多かった、「節」と「物語」に焦点を絞り、伝道史上の系譜や布教における意味合いなどを考察した。

節のかかった説法は、暗誦や共感のために、釈迦の時代から広く行われてきた。その伝統に加え、親鸞による夥しい数の和讃制作が、後の節談に影響したようである。親鸞は、当時最新の歌謡であった今様「法文歌」から四句一連の構成や三宝にかけた配列など、多くを取り入れている。一方で、新興芸能の眼目であったはずの抒情性には距離を置き、あくまで聖教の出拠や、口誦のためのリズムを大事にしているのだ。ここに、浄土真宗の布教を考える場合の、基本的立ち位置が窺えるのではなかろうか。

次に、先輩布教使が、物語（「因縁」）部分を含む節談構成法である「五段法」を使用する際に、厳格な注意を与えていた点に注目した。「因縁」の物語は、大多数の民衆に対し感動的に説法するツールとして、大乗仏教興起以降特に注目され、『法華経』解釈に淵源する「三周説法」では、機根未熟者にむけての布教技法としての意味を持っていく。しかし、それを用いる際には、物語に内在する「一因一果」の単純な応報説や「宿業観」など、差別を温存助長する陥穽があることも、絶えず点検しておくべきであろう。

ところで、『日本霊異記』各説話の結末には、語りの場面での劇的効果を狙う、様々な工夫がなされている。そこで『霊異記』を、日本最古の唱導因縁集として捉えなおしてみよう。『霊異記』の物語は、理解を助けるための「譬喩」でなく、感動を喚起する「因縁」であるとの展望のもとに、「九分教」から「十二部経」への増支、さらには「三周説法」へと連なる「人間ドラマ」を描く大衆布教の系譜の中に、『霊異記』の存在を位置づけてみた。それと同時に、『霊異記』に極立って見られる、三世にわたって短絡的な因果応報を説く物語の構造こそ、その後の日本仏教の布教がつねに引き摺ってきた差別性の淵源であると考えてみた。私たちが節談の物語と向き合う場合、『霊異記』的布教の克服が、喫緊の課題ではないか。

私はかねがね、節談という布教技法と、日暮らしの中でお念仏をよろこぶ妙好人の出現とは、深い関係性があると考えてきた（『構築された仏教思想・妙好人』二〇一九年佼成出版社）。すなわち、妙好人たちは、感動的な人間ドラマを含む情念の布教である節談を何遍となく聴聞し続けたからこそ、法義の要を身体化・生活化できたのだ。そんな妙好人たちの姿が、再び節談の「因縁」話に登場する。それを聞いて、また新たな妙好人が育まれていく。このような両者の連鎖が、「草の根」の浄土真宗布教を支えていたのではなかろうか。その一例として、節談椿原流の説教者野世溪真了と、その説教を聴聞し妙好人と讃えられるようになった椋田与市の関係を論じたのが、第七章・第八章である。第七章では、与市の日常が記憶・記録され、妙好人像が形成される過程を分析した。そこには、妙好人の精一杯の「教人信」の姿を伝える身内の遺した史料と、貧しさの中での内省と本山崇敬の念を強調する僧侶側のイメージという、若干の食い違いが見られるようである。

続いて、与市と真了の交流の様子を辿りながら、深い信頼関係に結ばれたいくつかのエピソードを紹介した。真了を訪れ信心上の問題を問う与市、集落内寺院護持のための「常灯講」結成、真了を招いての在家法座の開筵、いずれも内向型の妙好人の姿ではない。また真了の法嗣真海の時代になって、与市の逸話が説教の「手控」に登場するのは、妙好人の物語の「因縁」

話化を示すといえようか。さらに微塵ほども自己の「はからい」を交えない与市の法義の味わいは、了義・真了が繰り返し説き続けた三業惑乱後の安心再構築の課題を、如実に反映していた。宗門の説く教学が、説教者の語りを通じて、妙好人の中に生活化されていったのだ。

第九章においては、「草の根」の布教技法として検討の俎上に置かれることのなかった節談に対して、学問研究への先鞭をつけた、関山和夫・小沢昭一・浅井成海という三人の先学の歩みを振りかえった。柳田民俗学の超克をめざし恩師多屋頼俊の助言のもとに、節談の存在を世に問うた関山。小沢は、民衆の支持を得ながら体制によって「消された放浪芸」としての節談の魅力に、芸能人の鋭い感性でめざめていく。そして、その節談を布教技法として再構築するための道筋を示してくれたのが、浅井成海であった。浅井によれば、情念の布教とは単なる知識伝達の場ではなく、如来の智慧と慈悲を取り次ぐ営なみであるという。節談は、近代人の失ってしまった大切な何かを再発見する可能性を孕んでいる。だが、聴衆の喜怒哀楽に根をはる節談には、その時代が色濃く投影されているのだ。したがって、それと向きあう場合、不断に如来の智慧と慈悲にまで、立ちかえりつづけていかなければならない。

このように本書は、節談を多様な現代布教の一ジャンルとして再構築するための、可能性と課題について論じてきた。今、一著としての体裁を考えるとき、論旨の重複や各章ごとの粗密の差異が気になるばかりである。その意味で本書は、試掘作業の一端を披歴したに過ぎない。そして、節談には、真宗学・仏教学・文学・言語学・歴史学・民俗学・文化人類学・音楽学・芸術学などの既存の学問領域のみでは到底網羅されない、広がりと深まりがあるのだ。今後、学問の境界を越えた、本格的な節談研究の進展を念じるばかりである。その一方で、あくまで「草の根」に生きる布教技法である節談に対して、それを節談説教研究会の独占物のように思いこみ、種々なる枠組み設定や過剰な概念規定を行ってしまうことへの危惧も、忘れてはならない。

初出一覧

本書を構成する各章について、その初出を記す。大幅な加筆を行った部分もある。

序　章　（未発表）

第一章　原題「『節談説教』像の再検討」（『人文学研究』第三号二〇一八年）

第二章　原題「『節談説教』像の再検討」（『人文学研究』第三号二〇一八年）

第三章　原題「節談の特質―知識人たちからの批判を手がかりに―」（『節談説教』第二二号二〇二〇年）

第四章　原題「親鸞聖人の和讃と今様」（『伝道』第八二号二〇一四年）

第五章　原題「節談の歴史と今―物語の復権とその課題」（『中外日報』二〇一三年五月九日号）

第六章　原題「『日本霊異記』の仏教伝道史的考察」（根本誠二・秋吉正博・長谷部将司・黒須利夫編『奈良平安時代の〈知〉の相関』二〇一五年岩田書院刊）

第七章　原題「節談とその信者像―妙好人与市同行言行録の成立をめぐって―」（『浄土真宗

総合研究』第六号二〇一一年）
第八章　原題「節談説教者と妙好人」（『相愛大学研究論集』第二八号二〇一二年）
第九章　原題「関山和夫先生の御生涯」（『節談説教』第一一号二〇一三年）
原題「小沢昭一の遺産と課題―『日本の放浪芸』再復刻によせて―」（『大法輪』二〇一六年三月号）
結　語　原題「浅井成海先生を偲んで」（『節談説教』第六号二〇一〇年）
（未発表）

あとがき

　節談説教研究会が結成され、早くも一三年の歳月が流れた。会の草創期には、わずか数名の節談伝承者がおられたに過ぎなかったが、現在では五〇名を超える布教使がその技法を修得するに至っている。年二回の機関誌『節談説教』発行は、すでに二二号まで継続し、何人かの専門研究者も生まれてきた。また、この布教技法が辿ってきた屈折した歴史さえ知らない若い世代にとって、節談は意外と新鮮に受け入れられているようだ。さらに、法座の閉塞状況を打破すべく、音楽・芸能との壁を取り払ったユニークな布教技法も登場し、布教の発信力を競う企画も誕生しているのだ。若手僧侶たちの熱い思いに接するとき、むろん布教の本義や基本姿勢を疎かにしてはならないが、そうした活動を温かく見守り、批判からの防波堤にならなければいけないと思う。

　こうした布教界変容の結果かどうかわからないが、節談に対する積極的批判は、かつてほど表立って行われなくなったようである。しかし、現在でも、節談を毛嫌いする宗門人は少なからず存在する。そうした声は、深く沈潜しつつ、今もささやかれているのだ。いわば「声にならない声」に対してこそ、しっかりと耳を傾けていくべきではないか。

本書は、たえずそんな潜在的批判の声を意識しつつ、論を進めてきたつもりである。なぜならば、好き嫌いの感情的議論を乗り越えることにより、多様な現代人のニーズに応えうる多彩な布教技法が構築されるのではないか。同時に、どれほど華麗なパフォーマンスを駆使しても、布教として決して逸脱してはならない一線も、おのずから明らかになっていくであろう。重ねて強調しておきたいと思う。私たちは、節談をそのまま復活したいのではない。宗祖親鸞がそうであったように、布教における理と情の絶妙のバランスこそ、いつの時代にも必要なのである。本書における拙い発信が、今後の建設的議論の「叩き台」となれば、望外の幸せである。

その意味において本書では、これまでなされてきた節談や妙好人への非難に対して、論者の実名を記しての反批判を行っている。かねがね恩師故朝枝善照博士から「学術研究の世界にあって、過剰な批判はかえって無益だ」とご教示賜ってきたので、数編の拙著ではその姿勢を遵守してきた。恩師の助言は、気短な私の本性を見抜いたうえでの、ありがたい忠告であったのだ。だが、還暦を過ぎ、九年前に患った癌は落ち着いているとはいえ、昨夏に軽度の脳梗塞を発症した私に残された時間は、決して多くない。たとえ本書の拙見が火だるまになって燃え尽きても、節談を学ばんとし、あるいは新たな布教技法に挑戦しようとする後生可畏の人々への捨て石になれば、以て瞑すべしではないか。

私のこれまでの節談に関する研究には、個別の説教者の未公開資料を発掘、その実像を通じて浄土真宗伝道の変遷をたどるという方向性と、説教自体の技法を論じるものとが混在していた。先般、畏友釈徹宗博士から、「本来説教それ自体の研究と、説教者研究は、分けて出版すべきだ」というアドバイスを賜った。もし、諸事情が許されるならば、機関誌『節談説教』に連載させていただいた、二〇名の説教者の史料紹介と伝記的研究も、一著として編みたいと考えている。

ところで、本書の取りまとめを終えようとしている今、二〇二〇（令和二）年の五月、世は厳しい感染症の蔓延に曝されている。私たちの日暮らしも様々な制約を受け、先の見通せない不安と深い苦悩に満ちあふれているのだ。そして浄土真宗の生命線であったはずの大部分の法座は取りやめとなり、寺院を支えてきた伝統的宗教儀礼も一気に瓦解しはじめている。「おみのり」をお取次ぎする場を奪われた布教使たちは、インターネットでの法話発信を加速させていく。

もとより私とて、世の悲しみを前にして「今の自分にできることはなにか？」との命題が、脳裏を離れたことはない。中島岳志博士は、戦時教学へと変針した一九四一（昭和十六）年の

「真宗教学懇談会」（大谷派）席上における、社会問題に関する著作の多いある学僧の「バスに乗り遅れることを心配するよりは、バスより一歩進みバスの道案内することが必要」という発言をとりあげている（『親鸞と日本主義』二〇一七年新潮社刊二四一頁）。ひとは往々にして、時代の最先端や世の苦悩に敏感であろうとするあまり、こうした躓きに陥ってしまうのかも知れない。今、この発言者の「孫」に連なる私ゆえに、この痛みを終生銘肝していきたいと思う。やはり、こんな時だからこそ、原点に戻って、先人の歩みに学ぶべきではないだろうか。伝教大師最澄は、地震や旱魃が相次ぐ八一九（弘仁十）年の「今」を直視し、『顕戒論』を執筆した。親鸞聖人も、関東で目の当たりにした飢饉の惨状に向きあいながら、「自信教人信」の布教理念に回帰されたのだ。今は、決して焦らず、時局に迎合しそれに翻弄されることなく、遅々たる歩みでも続けていきたいと願っている。

本書は、前著四冊に続き、永田文昌堂から出版させていただく運びとなった。限られたニーズしかない学術書を、一つの書肆からこれだけ多く刊行できた身の幸せを噛みしめている。もちろんその陰には、亡き二葉憲香博士から朝枝博士へと続くご縁があることはいうまでもない。それに加えて、故永田文雄前堂主と故昌三氏、永田悟現社長・俊秀氏、そして次期社長の永田唯人氏、永年お世話になった方々のご高配に思いを馳せるばかりである。本書の題字は、廣陵兼純師にご揮毫いただき、洒脱な表紙背表紙画二点をお描き頂いたのは、藤野宗城師である。節談の両巨頭から、このうえない荘厳を賜った。本書のアイデアに関するとりとめのない議論に付き合ってくださったのは、節談説教研究会の府越義博事務局長・蓂慶典理事をはじめとする研究会員各位である。さらに図書館への出入りもままならない感染拡大の時期にあって、資料蒐集に奔走して頂いたのは、泉大津南溟寺住職で元相愛大学講師の戸次公正先生と隣寺長安寺住職で大正大学専任講師の長澤昌幸博士さらには龍谷大学の橋本一道講師であった。また、霍野廣大元相愛大学助手は、真宗学に関する的確な助言と指導を与えてくださった。そのうえ煩雑なデジタル化と校正作業までも、お引き受けいただいている。若院悠照は、霍野師を補佐し、作業を手伝ってくれた。ここに記して満腔の謝意を表したい。

二〇二〇（令和二）年五月九日（関山精全上人　祥月命日）

芸能ゆかりの地　逢坂山の新緑を望む自坊の書斎にて

直林　不退　識

著者紹介

直林不退（なおばやし・ふたい）

1958年群馬県桐生市生まれ

浄土真宗本願寺派 浄宗寺住職

相愛大学客員教授

節談説教研究会副会長

博士（文学） 花園大学

本書に関連する著作

『節談椿原流の説教者―野世溪真了和上芳躅』（2007年永田文昌堂刊）

『名人木村徹量の継承者・神田唯憲の節談』（2014年節談説教研究会刊）

『構築された仏教思想 妙好人―日暮らしの中にほとばしる真実』（2019年佼成出版社刊）

布教技法としての節談

令和二（二〇二〇）年七月二十日 印刷
令和二（二〇二〇）年八月 三 日 発行

著者 直林不退
発行者 永田悟
印刷所 ㈱図書印刷同朋舎
製本所 ㈱吉田三誠堂
発行所 永田文昌堂

600-8342 京都市下京区花屋町通西洞院西入
電話 (〇七五) 三七一―六六五一番
FAX (〇七五) 三五一―九〇三一番

ISBN978-4-8162-6244-9 C1015